# 情動の哲学入門

## 価値・道徳・生きる意味

信原幸弘

An Introduction to Philosophy of Emotion

Value, Morality, and Meaning of Life

keiso shobo

# はじめに

## 情動は悪者か

とかく情動は悪者にされやすい。しかし、本当にそうなのだろうか。情動なんてないほうが、私たちはうまく生きていけるのだろうか。

情動さえなければ、あんな過ちを犯さずにすんだのに、と思うことはたしかによくある。仕事で予想外のすごい成果を挙げた。何もかもが本当にうまくいった。しかし、つい喜びすぎて、そのことを友人に得意げに語ってしまった。友人は「おめでとう」と笑顔で言ってくれたが、その目は笑っていなかった。彼は仕事がうまくいかず、落ち込んでいたのだ。私の有頂天の自慢話は彼をいっそう深い闇に追いやることになった。

また、情動がエスカレートして、凄惨な結果を招くこともある。ほんの些細な言い争いがいつの間にか激しい喧嘩になるのだ。「昨日、遅かったね」と夫が言う。「仕事だよ」と妻が言う。「本当に仕事なの」と夫が言う。「仕事に決まっているでしょ」と妻が言う。そうこうするうちに、夫が妻を殴り、妻がフライパンで殴り返す。夫婦のやりとりのなかで、ほんのちょっとした情動がみるみる大きな情動に育っていく。

さらに、燎原の火のごとく、情動が人から人へと伝染して集団的熱狂となり、大きな悲劇を招くこともある。「悪いのはあいつだ」と誰かがネットに書き込む。「そうだ」と次の人が書き込む。さらに次の人が「そうだ」と書き込む。こうしてあっという間に「そうだ」の大合唱が起こり、ネットが炎上する。激しい集団的憎悪の標的になった人が絶望してみずからの命を絶つ。

このように情動については、いくらでもその罪状を挙げることができる。しかし、そうだとしても、情動は本当に悪い働きしかしないのであろうか。情動を抱かずに、ひたすら理性に基づいて行動すれば、私たちは良い人生を送ることができるのだろうか。

## 理性はそれほど良いものか

一見、情動を排して、純粋に理性のみに基づいて生きていけば、私たちは過ちのない幸福な人生を送ることができるようにみえる。喜びや悲しみがなければ、人生が少し味気ないような気もするが、それでも過ちはずっと少なくなるように思われる。しかしじっさいには、そうではないのである。情動がなければ、たとえ理性が健常でも、まっとうな人生を送ることはできない。このことを如実に示すのが、ダマシオの詳細な研究によってよく知られるようになったＶＭ患者である（Damasio 1994）。

ＶＭ患者は脳の前頭前野の腹内側部に損傷を負った患者である。彼らは知的な能力には問題がないが、情動が鈍化しており、何事につけてもほとんど情動を抱くことがない。それゆえ、彼らはまさに情動ぬきに理性のみで生きる人と言ってよさそうである。しかし、彼らの人生は悲惨である。彼らは意思決定に大きな問題を抱えており、ごく簡単なことでさえ、あれこれ些末なことを延々と考えるばかりで、なかなか決断できない。また、何か計画を立てたり、約束をしたりしても、それらをじっさいに実行することがほとんどできない。つまり、彼らは社会的および道徳的な振る舞いを適切に行うことがほとんどできないのである。

情動の欠如は意思決定の障害をもたらす。情動を排して、理性だけで考慮すれば、さぞかし立派な意思決定ができるかと思いきや、じっさいはその反対である。しかし、よく考えてみれば、それも十分納得できることであろう。私たちが意思決定を行うとき、さまざまな仕方で情動が重要な役割を果たしている（信原 2016を参照）。沖縄で学会がある。参加しようか、それともやめておこうか。どちらにするかに関係しそうなことは、細かなことまで含めれば、山ほどある。航空運賃はどれくらいか、ホテルはとれるだろうか、台風が来たりはしないか、他の仕事に支障が出るようなことはないか、等々。しかし、じっさいに考慮するのはごく少数である。関係しそうなことをいちいち全部、考慮するわけではない。そんなことをしていたら、ＶＭ患者のように、延々と考え続けることになってしまう。そうではなく、考慮すべきことがおのずと浮かび上がってくる。つまり、それらがおのずと大事なこととして情動的に際立ってくるのである。

このように情動は、じっさいに考慮することを絞り込むという重要な働きをする。しかし、それだけではない。情動はさらに、絞り込んだ考慮事項について、それらがそれぞれどれくらい大事かを直観的に感じ取って評価する。航空運賃は平均的な額だ。それなら安心だ。ホテルはとれるが、もう喫煙可の部屋しかない。これは大変だ。他の仕事にはあまり支障がなさそうである。この点は大丈夫だ。情動が提供するこのような直観的な評価をもとにして、私たちの理性は最終的な意思決定を行う。もし考慮事項の絞り込みと直観的評価の提供という情動のお膳立てがなければ、理性はほとんどまっとうな意思決定を行うことができないだろう。私たちの理性は情動のお膳立てを必要とし、単独ではほとんど何もできないのである。

## 理性は情動の補佐役にすぎない

理性がそれ単独ではほとんど何もできないのにたいし、情動は理性なしでもそれなりにその場の状況に相応しい行動を生み出すことができる。ヘビが眼前に現れれば、恐怖を感じて、さっと逃げる。そのヘビが本当に危険かどうか、逃げる必要があるのかどうかを理性的に考慮する必要はない。そんなことをしなくても、おのずと恐怖の情動によって逃げるという行動が生み出される。しかもその行動は、危険の回避という点で、この場の状況に相応しい。

私たちは基本的に情動に従って生きている。自分が置かれた状況の価値的なあり方（安全かどうか、不正が行われていないかどうか、など）を情動によって直観的に感じ取りながら、その状況に相応しい行動をただちに行っていく。それでおおむねうまく生きていくことができる。しかし、残念ながら、つねにというわけではない。情動は状況の価値的なあり方を誤って捉え、それゆえその状況に相応しくない行動を生み出すことがある。

ヘビが現れたので、恐怖を感じて逃げたが、じっさいにはそのヘビはまったく危険ではなかったということがある。それは毒ヘビではないし、人間に襲いかかってくるような種類のものでもない。むしろヘビのほうこそ、人間に遭遇して、あわてて茂みに逃げ込もうとしていたのだ。ヘビから逃げる必要はまったくなかった。

このように情動は誤ることがある。それはおおむね正しく状況の価値的なあり方を捉え、その状況に相応しい行動を生み出すとしても、ときに誤ることがある。いま述べたヘビへの恐怖のように、たとえ誤っていたとしても、それほどたいした害を生まないこともあるが、ときには情動の誤りが大きな害をもたらすことがある。情動がとかく悪者にされやすいのも、そのような大きな害をもたらす誤った情動がときに生じるからである。仕事で予想外の成果を挙げたからといって、有頂天になるほど喜ぶのは間違っている。その喜びは状況の価値的なあり方を正しく反映していない。もし正しく反映していれば、もう少し穏やかな喜びであっただろうし、それゆえ得意げに友人に語ることもなかっただろう。

理性の出番はここである。情動はときに誤り、害をもたらす。そこで理性が情動の誤りを見抜き、害をもたらさないように情動を制御する。仕事で予想外の成果を挙げても、有頂天になるほどの成果ではない。理性は有頂天の喜びが状況の価値的なあり方を正しく捉えていないことを見抜き、喜びに抑制をかける。それがうまくいけば、状況の価値的なあり方に相応しい適度な喜びとなる。それゆえ、得意げに友人に語って、友人をさらに落ち込ませることもない。

理性はこのように情動を制御するという重要な役割を果たす。しかし、それはあくまでも情動を補佐するという役割にすぎない。基本的には、情動が状況の価値的なあり方を捉え、それに相応しい行動を生み出すのであり、理性はときに生じる誤った情動を制御するだけである。しかもその制御は、理性が情動に代わって状況に相応しい行動を生み出すというようなものではない。そうではなく、理性はただ情動を制御するだけで、その制御された情動が状況に相応しい行動を生み出すのである。したがって、ここでは、理性は情動のお膳立てのもとで働くというよりむしろ、情動の働きにただ調整を施すだけである。主役は情動であり、理性はその補佐役にすぎない。

## 鍛えられた情動能力

理性には誤った情動を制御するという役割に加えて、もう一つ重要な役割がある。それは私たちの情動能力を鍛えて、そもそも誤った情動がほとんど生じないようにすることである。仕事で予想外の成果を挙げても、最初から有頂天にならずに、適度な喜びを感じていれば、何も問題は起こらない。理性が喜びを制御する必要はなく、ただその喜びに身を任せて行動すればよい。私たちの情動能力が完全ではないから、ときに誤った情動が生じ、それゆえ理性による制御が必要となるのである。

理性は情動能力を鍛えて、そもそも誤った情動ができるだけ生み出されないようにすることができる。しかし、このような情動能力の鍛錬はその場でただちにできることではない。つまり、仕事で予想外の成果を挙げて有頂天になりそうなときに、そのような過剰な喜びを生み出す情動能力を瞬時に鍛え直して、適度な喜びを生み出すようにするということはできない。できるのはせいぜい、生み出された過剰な喜びを理性的に制御して不適切な行動が生み出されないようにすることだけである。情動能力の鍛錬には相当な時間が必要である。私たちは状況の価値的なあり方に相応しくない情動が自分の情動能力によって生み出されるたびごとに、その情動を理性によって制御するということを何度も繰り返して、次第に情動能力を改善し、ついにはほぼ適切な情動だけを生み出せるような情動能力を獲得できるのである。

理性によって鍛えられた情動能力は、私たちが幸福な人生を送るうえでもっとも強い拠り所となるものである。もし理性の鍛錬によって完全な情動能力を身につけることができれば、私たちはただ情動のままに生きればよいだろう。どんな状況でも、私たちはその状況の価値的なあり方に相応しい情動を形成し、それに従って適切な行動をすることができる。もはや理性は不要であり、私たちはただ情動のままに生きればよい。孔子は『論語』で「七十にして心の欲する所に従って矩を踰えず」と言っているが、まさにそのとおりなのである。

理性は情動能力の鍛錬という非常に重要な役割を担うが、それでもやはり主役は情動である。理性は情動ぬきにそれ単独で何かをするわけではなく、ただ情動能力を鍛えるだけである。主役はあくまで情動であり、理性はやはり補佐役なのである。

## 名もなき情動たち

私たちはこの世界を情動的に生きている。理性は必要に応じて情動を制御したり、情動能力を鍛えたりするにすぎない。しかし、このように情動を主役に据えて私たちの基本的なあり方を捉えようとすれば、情動の見方を少し変える必要がある。私たちは情動と言えば、喜びや悲しみ、恐怖や怒りなど、私たちの心に感じる意識的な情動だけを思い浮かべがちである。したがって私たちは、自分が目覚めている間中ずっと情動を抱いているとは考えないだろう。平静な心の状態でいるときや、冷静にものごとに対処しているときは、情動を抱いていないと考えるだろう。

しかし、私たちが目覚めている間中、ずっと情動は生じている。それは知覚がつねに生じているのと同様である。私たちが目覚めているかぎり、つねにさまざまな視覚や聴覚、触覚などが生じている。意識的な知覚はごく少数かもしれないが、無数の無意識的な知覚が生じており、それらは一瞬たりとも途切れることがない。私たちはそのような知覚によって世界の事実的なあり方をつねに把握している。それと同様に、私たちは目覚めているかぎり、世界の価値的なあり方をつねに情動的に捉えている。顕著な価値的あり方に遭遇して意識的な情動を抱くことはそう多くないにしても、無数の無意識的な情動がつねに生じており、世界の価値的なあり方を常時反映している。そのような無数の情動はそのほとんどが「喜び」や「悲しみ」のような日常的な名前をもたないものである。このような名もなき情動たちがつねに生じているのであり、それらが私たちに世界の価値的なあり方を知らせているのである。

情動は私たちがその名前をよく知っているものだけではない。数えきれないほど多くの名もなき情動たちが存在する。私たちはそのような情動をすべて情動として認めるように、情動の見方を少し改める必要がある。身体的反応を通して世界の価値的なあり方を直観的に感じ取る心の状態は、すべて情動だと見なければならない。そのように情動の見方を少し変えれば、情動に流されずに冷静にものごとに対処すると言われるときも、じつはそこでは、情動が生じていることになる。たしかにそこでは、誤った情動は生じていないだろうが、正しい情動が生じているのである。もしいかなる情動も生じていないのであれば、VM患者のように、状況に適切に対処することができないだろう。冷静にものごとに対処するというのは、正しい情動によって対処するということなのである。

　無数の名もなき情動たちの存在を認めれば、私たちが生きていくうえで情動が中心的な役割を担うことも、容易に理解できよう。知覚的、情動的に世界を生きるというのが、私たちの生の基本形式である。知覚は世界の事実的なあり方を開示し、情動は世界の価値的なあり方を開示する。私たちは知覚と情動によって開示された世界のあり方に基づいて、そのあり方に相応しい行動をしていく。理性はときに生じる誤った知覚や情動を制御して、その害をできるだけ食い止めようとするか、あるいはそもそも誤った知覚や情動が生じないように、知覚能力や情動能力を鍛えるだけである。それはたしかに重要な役割であるが、主役はあくまで知覚と情動であり、理性は補佐役なのである。

## 「情動」と「感情」

本書では基本的に「感情」という言葉ではなく、「情動」という言葉を用いる。「情動」という言葉より「感情」という言葉のほうが日常的にはおそらく親しみがあるだろう。しかし、あえて「情動」という言葉を選んだのは、無数の名もなき情動たちをそこに含めたかったからである。「感情」という言葉を用いれば、「情動」という言葉を用いるよりもさらにいっそう、意識的に心に感じる状態（日常的な名前をもつ顕著で典型的な状態）だけを意味するように思われがちである。そのような危険性をできるだけ回避して、世界の価値的なあり方を身体的に感じ取る心の状態をすべて包摂するために、あえて多少親しみの薄い「情動」という言葉を用いることにした（詳しくは第1章を参照）。

以下の各章で展開するのは、このような情動についての諸々の考察である。その内容は情動と価値の関係から、道徳における情動の役割や、生きる意味と情動の関わりに至るまで、多岐にわたる。各章は比較的独立しており、どの章からでも読むことができると思われるが、本書全体を通読すれば、多様な問題に関係する情動の哲学の広がりを俯瞰的に見渡すことができよう。

# 情動の哲学入門　目次

はじめに

第Ⅰ部　価値と情動

第1章　立ち現れる価値的世界　3

1　価値の身体的感受　7
2　情動は価値への態度ではないだろうか　12
3　身体の透明化　18

第2章　価値認識の究極的源泉　27

1　価値は事実に付随する　30
2　価値判断に情動は不要か　39
3　情動の根源性　44

第3章　葛藤する心　53
1　情動の合理性　56
2　価値判断の体系性　64
3　御しがたい情動　69

第Ⅱ部　道徳と情動

第4章　悲劇的ディレンマ　79
1　正しい行為　83
2　後悔と罪悪感　88
3　悲しみと罪悪感　92
4　意図的行為の可能性　97

第5章　道徳的修復　107
1　どうしようもない悪　110
2　赦し　114

3 赦しえないもの 120
4 それでも人である 126

第6章 道徳の二人称性 135

1 足をどかせる二つのやり方 137
2 理由と圧力 142
3 二人称理由の権利 147
4 反応的情動 153

第Ⅲ部 生きる意味と情動

第7章 感情労働 163

1 感情労働とは何か 166
2 隷属性 173
3 自己洗練の妨害 179
4 脱出の道 185

第8章 情動価と経験機械 191
1 情動価とは何か 194
2 奇妙な情動 204
3 経験機械の謎を解く 214

第9章 自己物語 221
1 物語とは何か 223
2 人生と物語 230
3 自己物語の客観性 234
4 自己物語のフィクション化 242

あとがき
参考文献
索引

# 第Ⅰ部　価値と情動

# 第1章　立ち現れる価値的世界

私たちに立ち現れる世界は、色や音、匂いなどに満ちあふれている。真夏の公園の木陰で涼んでいると、サルスベリの赤い花が見え、池を泳ぐ水鳥の鳴き声が聞こえ、バーベキューの肉の匂いが漂ってくる。しかし、私たちに立ち現れるのはこのような事物の事実的性質だけではない。それらに加えて、さまざまな価値的な性質も立ち現れる。サルスベリの花は赤く立ち現れるだけではなく、青い空に映えて美しく立ち現れる。水鳥はびっくりさせるものとして、バーベキューの肉は美味しそうなものとして立ち現れる。私たちに立ち現れる世界は事実的性質で満ちあふれているだけではなく、価値的性質でも満ちあふれている。

事物の価値的性質がこのように私たちに立ち現れるとき、私たちはどのようにしてその価値的性質を捉えているのだろうか。色や音などの事実的性質については、私たちはそれらに特有の感覚器官をもっている。色は眼や網膜などから成る視覚器官によって捉えられ、音は聴覚器官によって、匂いは嗅覚器官によって捉えられる。このようにそれぞれの感覚器官によって事実的性質が捉えられることにより、事実的性質は私たちに立ち現れる。しかし、価値的性質については、それに特有の感覚器官が存在しない。サルスベリの花が美しく感じられるとき、その色や形は視覚器官によって捉えられるが、美しさはそうではない。美しく感じるということは、たんに色や形が見えるということではなく、それ以上の何かが感じられるということであるが、その何かは視覚器官で捉えられるものではない。びっくりさせるという性質や美味しそうだという性質についても同様である。

価値的性質が感覚器官によって捉えられるのでないとすれば、価値的性質が立ち現れるとき、私たちはその性質をどのようにして捉えているのだろうか。価値的性質は、それに特有の感覚器官がないとしても、「感じる」という仕方で捉えられていることは間違いない。サルスベリの花は美しいと感じられ、水鳥はびっくりさせるものとして、バーベキューの肉は美味しそうに感じられる。私たちは価値的性質を感覚器官によらずに「感じる」という仕方で捉えているのである。

しかし、感覚器官によるのでなければ、私たちはいったいどのようにして価値的性質を「感じる」という仕方で捉えているのであろうか。私たちには「感じる」という仕方で事物の性質を捉える二種類の能力があるように思われる。感覚器官に基づく知覚の能力と、感覚器官によらない情動の能力である。知覚が事物の事実的性質を「感じる」という仕方で捉えるのにたいし、情動は事物の価値的性質を「感じる」という仕方で捉えるように思われる。*1 歯を剝き出しにして迫ってくるイヌに恐怖を覚えることは、そのイヌを怖いと感じることにほかならない。つまりそれは、怖いという価値的性質（＝危険だという性質）を感じ取ることなのである。また、オリンピックでの日本選手の活躍に喜びを覚えることは、その活躍を喜ばしいと感じることにほかならない。*2 つまりそれは、喜ばしいという価値的性質（＝大事なものが実現したという性質）を感じ取ることなのである。情動はこのように事物の価値的性質を「感じる」という仕方で捉える。

しかし、情動が事物の価値的性質をそのように捉えるとしても、すべての価値的性質が情動によって捉えられるのだろうか。価値的性質のなかには、情動によらないで、「感じる」という仕方で捉えられるものがあるのではないのだろうか。水鳥をびっくりさせるものとして感じるときは、たしかにびっくりさせるという性質が情動的に捉えられている。サルスベリの花を美しいと感じるときも、そうであろう。美しいと感じることは美的な感動を覚えることであり、それは一種の情動とみなすことができるだろう。*3 しかし、バーベキューの肉を美味しそうに感じる場合はどうだろうか。美味しそうに感じることは、何らかの情動を抱くことであろうか。美味しそうに感じるとき、そこには魅惑される感じや渇望感のようなものが生じていよう。しかし、このような魅惑感や渇望感は、喜怒哀楽のような典型的な情動と比べれば、それほど自然に情動だとは言いがたい。

魅惑感や渇望感などを情動に含めるためには、情動の範囲をかなり広く理解することが必要である。しかし、快感や苦痛、嫌悪感などを情動に含める場合のように、情動を広く理解することもしばしば行われる。*4 ここでは、情動の範囲を広げて、事物の価値的性質を「感じる」という仕方で捉える心の状態をすべて「情動」とよぶことにしたい。このように広く理解すれば、価値的性質はすべて情動によって「感じる」という仕方で捉えられることになる。

事物の価値的性質が私たちに立ち現れるとき、その性質はつねに情動によって感じ取られている。しかし、そうだとしても、情動はどのようにして事物の価値的性質を感じ取るのだろうか。情動は知覚と違って、それ特有の感覚器官をもたない。感覚器官によらずに、何かを感じるということはいかにして可能なのだろうか。この問いにはまだ答えが与えられていない。以下では、情動における身体的反応と脳によるその感受に着目しながら、この問題を考察していこう。

## 1　価値の身体的感受

### 価値判断説の誤り

情動には特有の感覚器官がない。迫ってくるイヌを見ると恐怖が湧くが、イヌの唸り声を聞いただけでも恐怖が湧く。また、現実の場面を知覚しなくても、恐怖が湧くことがある。主人公がクマに襲われる映画のシーンを見ると、ぞっとするし、そのような状況を描いた小説の一節を読むだけでも、ぞっとする。さらに、何も知覚せずに、ただ状況を想像するだけでも、ぞっとする。バンジージャンプは、それをするのを思い浮かべただけでも、身震いがする。

情動はこのようにさまざまな知覚や想像のもとで生じる。このことから、情動はじつは事物の価値的性質を感じ取るのではなく、それを判断するのだという考えが浮かぶかもしれない。[*5] 歯を剝き出しにして迫ってくるイヌを怖いと判断するということであれば、じっさいにそのイヌを見るときだけではなく、映画で見たり、小説で読んだり、頭で想像したりするときにも、そのような判断が生じることに何の不思議もないだろう。判断はそれに特有の感覚器官がなくても生じる。

しかし、情動のじっさいの体験からすると、情動は明らかに事物の価値的性質を感受するものであるように思われる。イヌに恐怖を抱くとき、イヌをまさに怖いもの（＝危険なもの）と感じる。それはたんなる知的な判断ではなく、生々しい感じである。しかし、これにたいしては、情動を価値判断とみなす立場からも、それなりの応答が可能であろう。すなわち、情動はふつう身体的な反応を伴い、その反応は脳で感受される。歯を剥き出しにしてイヌに迫ってこられると、恐怖を覚えると同時に、身体が震え、その震えが脳で感じ取られる。情動はこのような身体的反応の感じを伴うため、価値的性質を感じ取るものであるように思われるのだ。しかしじっさいには、それはたんに価値的性質の判断にすぎず、その判断にただ身体的反応の感じが伴っているにすぎない。情動の本質は判断であり、感じはその判断に随伴するものにすぎないのである。

情動において事物の価値的性質が感じられるという点については、このように情動を価値判断とする見方においても、それなりの応答が可能である。しかし、価値判断説には、明らかな難点がある。私たちは歯を剥き出しにしたイヌに恐怖を覚えつつも、そのイヌが檻のなかに入っているので、本当は怖くない（＝危険でない）と判断することがある。つまり、イヌに恐怖を抱きつつも、イヌを怖くないと判断するのである。イヌへの恐怖が、イヌは怖いという判断なら、ここでは矛盾した判断が生じていることになる。すなわち、イヌを怖いと判断しつつ、同時に怖くないと判断していることになる。しかし、こんな明々白々の矛盾が生じているとは考えがたい。いくらなんでも私たちはそこまで愚かではない。そうだとすれば、イヌへの恐怖はやはり判断ではなく、感じであろう。イヌに恐怖を抱くとき、私たちはイヌをまさに怖いと感じているのである。

## ジェームズ＝ランゲ説を乗り越える

情動が事物の価値的性質を感受するものだとすれば、情動はそれ特有の感覚器官をもたないにもかかわらず、どのようにしてそのような感受を行うことができるのであろうか。この問題を解く鍵は、情動における身体的反応と脳によるその感受にある。しかし、身体的反応とその感受にそのような重要な役割を与えるためには、まずそれらがたんに情動に随伴するものではなく、情動の本質的な要素として情動に含まれるという見方を確立する必要がある。私たちはふつう悲しいから泣くという見方をするが、この見方では、泣くという身体的反応は悲しいという情動に随伴するものにすぎず、それゆえ脳によるその反応の感受も情動に随伴するものにすぎなくなる。しかし、有名な情動のジェームズ＝ランゲ説によれば、私たちは悲しいから泣くのではなく、泣くから悲しいのである（James 1884）。つまり、悲しいという情動は、泣くときの顔の筋肉の動きや声帯の動き、全身の緊張といった身体のあり方を脳で感じ取ったものなのである。

情動がどのようにして事物の価値的性質を感受しうるのかを明らかにするためには、情動がその本質的な要素として身体的反応とその感受を含むという見方をとる必要がある。しかし、そのような見方をとるだけでは、まだ不十分である。情動に身体的反応の感受が含まれるとしても、それはあくまでも身体的反応の感受であって、事物の価値的性質の感受ではない。恋人の死に痛切な悲しみを感じて泣き叫び、その泣き叫びの身体的反応を脳で感受するとしても、その感受は泣き叫ぶという自分の身体的反応を感じ取ったにすぎず、恋人の死がもつ悲しいという価値的性質（＝大切なものが失なわれたという性質）を感じ取ったわけではない。つまり、それは自分の身体のあり方を感じているだけで、恋人の死の悲しさ（＝大切なものの喪失）を感じているわけではない。身体的反応とその感受によって価値的性質の感受を説明するためには、ジェームズ＝ランゲ説を乗り越えてもう一歩さきへ進む必要がある。

## 身体的感受説

身体的反応とその感受はどのようにして価値的性質の感受を可能にするのだろうか。この問題を考察するうえで注目すべきなのは身体的反応のあり方である。イヌに恐怖を覚えるとき、身体が震え、冷や汗をかく。日本選手の活躍に喜びを感じるとき、全身に血が駆けめぐり、身体が興奮する。恋人の死に悲しみを抱くとき、身体から力が抜け、全身の活動が低下する。このようにそれぞれの情動には、それに特有の身体的反応が生じる。[*6] これは、言い換えれば、情動によって捉えられる事物の価値的性質に応じて、それに特有の身体的反応が生じるということである。イヌの怖さ、日本選手の活躍の喜ばしさ、恋人の死の悲しさに応じて、それぞれに特有の身体的反応が生じるのである。

そうだとすれば、身体的反応はそれぞれそれに対応する価値的性質を表していると言えるのではないだろうか。身体の震えと冷や汗はイヌの怖さを、全身への血の駆けめぐりと身体の興奮は日本選手の活躍の喜ばしさを、身体の脱力と活動低下は恋人の死の悲しさを表す。それはちょうど、外界の温度に応じて、温度計の水銀柱が一定の高さを示し、そのことによって水銀柱の高さが外界の温度を表すのと同様である。[*7]

身体的反応が事物の価値的性質を表すとすると、脳による身体的反応の感受はたんに身体的反応を感じ取るだけではなく、それを通じて事物の価値的性質をも感じ取ると言えるように思われる。私たちは、たとえば、テニスの試合を映し出すテレビの映像を見ることによって、それが表す試合を見ることができる。このとき、私たちはテレビの映像を見て、そこからの推察によって試合の状況を判断するわけではない。テレビ映像を見ることを通して、じっさいの試合をまさに見るのである。それは望遠鏡で対象を見るのと同様である。望遠鏡で対象を見るとき、私たちは対物レンズによる対象の実像を接眼レンズで見るわけだが、たんに実像を見るのではなく、それを通して対象そのものを見るのである。これと同様に、脳による身体的反応の感受は身体的反応を感じ取ることを通して、事物の価値的性質を感じ取るのである。

情動は事物の価値的性質を身体的反応で表し、その身体的反応を脳で感受することによって、価値的性質そのものを感受する。この見方はときに情動の「知覚説」とよばれる。[*8]この名称は、情動による価値的性質の感受が判断ではなく知覚に類した感覚的・直観的なものであることを考えれば、それなりに適切であるが、その感受が特定の感覚器官によらない点で知覚と重要な違いがあることを考えると、少し誤解を招きやすい。そこで、ここでは、その見方を情動の「身体的感受説」とよぶことにしたい。情動についてはいろいろな見方があるが、本書で擁護したいのはこの身体的感受説である。

## 2　情動は価値への態度ではないだろうか

### 身体的感受説の難点

情動においては、事物の価値的性質が身体的反応を介して感受される。身体的感受説はそう主張する。しかし、本当に身体的反応を介して事物の価値的性質を感受することができるのだろうか。デオナとテロニは、事物の価値的性質に応じて身体的反応が生じ、その身体的反応を脳が感受するとき、その感受はあくまでも身体的反応の感受であって、価値的性質の感受ではないと主張する（Deonna & Teroni 2012: 73）。価値的性質は、感受された身体的反応が価値的性質を表すことから推察されるにすぎない。そうだとすれば、脳は身体的反応を感受しているだけで、それを通して価値的性質を感受しているわけではないことになる。

テレビ映像を見る場合も同様に考えられよう。私たちはあくまでもテレビ映像を見ているのであって、それが表しているテニスの試合そのものを見ているわけではない。一見、試合そのものを見ているかのように感じられることもあるかもしれないが、じっさいにはテレビ映像を見ているのであり、テレビ映像からじっさいの試合を推察しているにすぎない。この推察はもちろん、テレビ映像からじっさいの試合を言葉で描き出すようなものではない。私たちはふつうそんなことはしない。むしろ頭のなかで試合の状況を思い浮かべるといったものであろう。しかし、そうだとしても、私たちはけっしてじっさいの試合を見ているのではなく、テレビ映像を見ることを通してそれを推察しているにすぎないのである。

情動の場合も同様だ、とデオナとテロニは言う。脳が身体的反応を感受するとき、それは身体的反応を感受しているのであって、事物の価値的性質を感受しているわけではない。事物の価値的性質は身体的反応の感受から推察されるにすぎない。脳が身体的反応を感受しつつ、それを通して価値的性質を感受するというのは、ありえないのである。

## 身体的態度説

デオナとテロニはこのように身体的感受説を批判したあと、それに代えて「身体的態度説」というまったく異なる見方を提唱する（Deonna & Teroni 2012, chap.7）。この説の根本にあるのは、情動を価値的性質の把握ではなく、価値的性質への態度だとする見方である。イヌに恐怖を抱くことは、イヌの怖さ（＝危険さ）を捉えることではなく、イヌの怖さにたいしてそれに相応しい態度（イヌの危険性を減らそうとする態度）を取ることである。また、侮辱されて怒りを覚えることは、その侮辱の不当さを捉えることではなく、その不当さにたいしてそれに相応しい態度（非難的な態度）を取ることである。このように情動を抱くことは事物の価値的性質にたいしてそれに相応しい態度を取ることなのである。

では、具体的には、私たちはどんな仕方でそうした態度を取るのだろうか。ここでデオナとテロニが注目するのは、身体的感受説と同じく、情動における身体的反応とその感受である。しかし、彼らの場合、身体的反応は事物の価値的性質を表すものではなく、それに相応しい行動を準備するものとして理解される。イヌに恐怖を抱くときの身体的反応は、イヌの危険性を減らすような行動（たとえばイヌから逃げること）の準備である。侮辱されて怒りを覚えるときの身体的反応は、侮辱の不当さを告発するために侮辱した人を非難するような行動の準備である。そしてこのような身体的反応は脳でそのようなものとして感受される。したがって、デオナとテロニによれば、イヌへの恐怖はイヌの危険性を減らす行動の準備として感受された身体的反応であり、侮辱した人への怒りは侮辱の不当さを告発する非難的行動の準備として感受された身体的反応である。情動はこのように事物の価値的性質にたいしてそれに相応しい行動の準備として感受される身体的反応なのである。そしてこのような身体的反応をもつことが、事物の価値的性質にたいしてそれに相応しい態度を取ることにほかならない。

身体的態度説によれば、情動は価値的性質の感受ではなく、それへの身体的な態度である。つまり、それは価値的性質に相応しい行動の準備として感受される身体的反応である。そうだとすれば、身体的態度説は身体的感受説の難点を免れることができる。すなわち、脳による身体的反応の感受がいかにして価値的性質の感受となりうるかという問題は、身体的態度説においてはそもそも生じない。情動は価値的性質の感受ではないから、身体的反応の感受に価値的性質の感受の役割を担わせる必要がない。身体的反応の感受はたんに身体的反応の感受であってよい。その役割は身体的態度を感受された態度にすることだけであって、価値的性質を感受された性質にすることではない。こうして身体的態度説は身体的感受説の難点を免れるのである。

## 情動は身体的態度にすぎないのか

情動が価値的性質にたいする身体的態度を含むことは確かであろう。イヌに恐怖を抱くとき、私たちはたしかにイヌの危険性を減らすような行動の準備をしており、そうすることでイヌの危険性にたいして一定の態度を取っていると言えよう。しかしながら、私たちはただ態度を取っているだけで、イヌの危険性を感受してはいないのだろうか。危険性を感受していないのなら、どうしてそれに相応しい態度を取ることができるのだろうか。私たちがイヌの危険性を感受していることは、まったくもって否定しがたい事実であるように思われる。デオナとテロニはいったいどのようにしてそれを否定するのだろうか。

彼らは、情動を価値的性質の感受ではないとしつつも、価値的性質をけっして無視しているわけではない。むしろ、それに非常に重要な役割を与えている。すなわち、価値的性質を情動の正しさ（＝適切さ）の条件としているのである。イヌへの恐怖は、イヌがじっさいに危険であれば、正しいし、そうでなければ、正しくない。凶暴なイヌでも、しっかりした檻に入れられていれば、危険ではないが、それでもそのイヌに恐怖を抱くとすれば、それは正しくない情動だ。この状況における正しい情動は恐怖ではなく、安心である。イヌが危険であってこそ、恐怖は正しい情動となる。このように事物の価値的性質は情動が正しいかどうかの条件となるのである。

デオナとテロニは事物の価値的性質を情動の正しさの条件として位置づけることにより、情動が価値的性質の感受であることを否定しようとする。事物の価値的性質はそれへの身体的態度（＝情動）が正しいかどうかの条件を与えるものであり、情動によって感受されるものではないというわけである。しかし、はたしてそうであろうか。イヌに恐怖を抱くとき、イヌはまさに危険なものとして私たちに立ち現われており、私たちはまさにイヌの危険性を感受しているというのは、明らかなことではないだろうか。

たしかに事物の価値的性質は、デオナとテロニが言うように、身体的態度が正しいかどうかの条件であろう。しかし、そのまえに、それはそもそも情動による価値的性質の感受が正しいかどうかの条件ではないだろうか。情動は事物の価値的性質を感受しており、価値的性質はそもそもその感受の正しさの条件である。イヌへの恐怖はイヌの危険性を感受しており、その感受が正しいかどうかはイヌがじっさいに危険であるかどうかによって決まる。事物の価値的性質は、たしかに身体的態度の正しさの条件であるが、そのまえにそもそも身体的感受の正しさの条件であるように思われる。そうだとすれば、情動は事物の価値的性質への身体的態度であるだけではなく、それに先だってそもそも事物の価値的性質の身体的感受なのである。

## 3　身体の透明化

### 媒体は透明化する

情動において私たちが事物の価値的性質を感受していることは明らかだと思われる。しかし、この見方には、デオナとテロニが指摘する難点があった。すなわち、彼らによれば、私たちは事物の価値的性質に応じて生じる身体的反応を感受しているのであって、価値的性質そのものを感受しているわけではない。価値的性質は身体的反応から推察されるにすぎない。この難点を克服することはできるだろうか。

ふたたびテレビを見る場合を考えてみよう。テニスの試合を放映するテレビを見るとき、私たちはたんにテレビの映像を見ているだけでなく、それが表すテニスの試合そのものを見ているように思われる。しかし、試合そのものを見ているように思われるとき、私たちに立ち現われているのは試合そのものであって、もはやテレビ映像ではない。じかにテニスの試合を見るときのように、テニスの試合そのものが私たちの眼の前に立ち現われているのだ。

しかし、私たちは自分の意識をテレビ映像のほうに切り替えることもできる。映像が小さいとか、不鮮明だとか思っているときは、意識は試合そのものではなく、テレビ映像のほうに切り替えられている。このとき、私たちに立ち現われているのはじっさいの試合ではなく、テレビ映像である。

そうだとすると、結局のところ、テレビ映像に意識が向けられるときは、テレビ映像が立ち現われ、逆にじっさいの試合に意識が向けられるときは、じっさいの試合が立ち現われる。両方が同時に立ち現われることはない。したがって、あるものを見るということが、そのものが視覚的に立ち現われるということだとすると、テレビ映像を見つつ、試合そのものを見るということはありえないことになる。それゆえ、テレビ映像を見ることを通して試合を見るということも不可能だということになる。

しかし、そうだとしても、テレビ映像を見ずに、テレビ映像を通して試合を見ることは可能である。テレビ映像ではなく、試合に意識を向ければ、試合が見える。ここで生じていることは「テレビ映像を見ることを通して試合を見る」ことではない。なぜなら、テレビ映像は見えていないからである。では、そこではいったいどんなことが生じているのだろうか。いったいどのようにしてテレビ映像を通して試合を見ることができるのだろうか。

テレビ映像を通して試合そのものを見るとき、たしかにテレビ映像は見えていないが、それでもテレビ映像からの光刺激が私たちの眼に、そして眼から視覚皮質に伝えられている。この刺激伝達がなければ、試合は見えない。そうだとすれば、テレビ映像は試合と私たちを結ぶ「媒体」の役割を果たしていると言えよう。じっさいの試合からの光の刺激がカメラに伝わり、カメラの受け取った情報が電磁波として放送され、それをテレビが受信して映像を生み出し、その映像からの光刺激が私たちの眼に伝わり、そして視覚皮質に伝わる。このようにじっさいの試合から私たちの視覚皮質へと情報を伝達する媒体の連鎖があり、テレビ映像はその連鎖の一部なのである。

　媒体には一つの重要な特徴がある。それは対象を見えるようにすると同時に、それ自体は見えないという特徴である。テレビ映像を通して試合を見るとき、試合と私たちが媒体で結ばれているからこそ、私たちに試合が見えるのだが、媒体そのものは見えない。それは透明化する。媒体が透明化することで、試合が見えるようになるのである。テレビ映像もこの媒体の一部であるから、透明化して見えない。逆に、テレビ映像が見えるときは、媒体がそこで不透明になり、そのため試合は見えない。テレビ映像を通して試合を見るとき、テレビ映像は媒体の一部として透明になり、そうなることで試合そのものを私たちに見えるようにするのである。したがって、ここで起きていることはたしかに「テレビ映像を見ることを通して試合を見る」ことではないが、「テレビ映像を通して試合を見る」ことなのである。私たちは透明化したテレビ映像を通して試合を見るのである（媒体の透明化については、詳しくは信原 2006 を参照）。

## 媒体としての身体的反応

情動において事物の価値的性質を身体的に感受することも、テレビで試合を見ることと同じように考えることができる。「身体的反応を感受することを通して価値的性質を感受する」ことはたしかにできない。身体的反応を感受しているなら、価値的性質を感受していないし、価値的性質を感受しているなら、身体的反応を感受していない。情動において価値的性質が私たちに立ち現われるとき、私たちは価値的性質を感受しているのであって、身体的反応を感受しているわけではない。イヌに恐怖を覚えて、イヌが怖いものとして立ち現われるとき、私たちはイヌの怖さを感受しているが、身震いや冷や汗などの身体的反応を感受してはいない。身体的反応はたしかに生じており、それが生じるからこそ、イヌの怖さが感受されるのだが、身体的反応そのものは感受されない。それは透明化するのであり、透明化することで、イヌの怖さが感受されるのである。

逆に、身体的反応に意識が向けられて、それが感受されると、価値的性質は感受されなくなる。私たちには身体的反応が立ち現われ、価値的性質は立ち現われない。イヌに恐怖を抱いても、身震いや冷や汗のような身体的反応に意識が向けられると、身震いや冷や汗が私たちに立ち現われて、イヌの怖さはもはや立ち現われなくなる。それは身体的反応の背後に隠れて、もはや感受されなくなる。しかし、意識を身体からイヌに戻すと、イヌの怖さがふたたび立ち現われ、身体的反応は透明化して立ち現われなくなる。

情動において事物の価値的性質が感受されるとき、身体的反応は価値的性質と私たちを結ぶ媒体の一部になっている。イヌに恐怖を抱くとき、怖いイヌからの光や音の刺激が私たちの眼や耳に伝えられ、そこから視覚皮質や聴覚皮質へ、さらに大脳辺縁系などの情動に関係する脳部位へ伝えられ、そこから神経信号が身体へ伝えられて身震いや冷や汗を起こし、その身震いや冷や汗の神経信号が脳の体性感覚皮質に伝えられる。このように怖いイヌから始まって脳の体性感覚皮質へと情報を伝える媒体の連鎖があり、身体的反応はこの長い連鎖の一部である。この媒体の連鎖が透明化することによって、イヌの怖さが私たちに立ち現われ、感受される。したがって、連鎖の一部である身体的反応についても、それが透明化することで、イヌの怖さが感受されるのである。

情動における身体的反応の役割は、たとえば、トマトの赤い色を見るときの網膜像の役割と同様である。トマトの赤い色を見るとき、網膜像は赤い色と私たちを結ぶ媒体の一部である。その網膜像が形成されるからこそ、私たちに赤い色が見える。しかし、網膜像そのものは透明化して見えない。そうであるからこそ、トマトの赤い色が見えるのである。それと同様に、イヌに恐怖を抱くとき、身震いや冷や汗のような身体的反応は透明化して感受されず、そうであるからこそ、イヌの怖さが感受されるのである。

情動における身体的反応とトマトの赤い色を見るときの網膜像のあいだには、むろん重要な違いもある。身体的反応はそれに意識を向けることで、感受されるようになるが、網膜像はそれに意識を向けることはできず、それゆえ網膜像が見えるようにはならない。かりに見えることがありうるとすれば、そのときはやはり、網膜像が見えて、その代わりトマトの赤い色が見えなくなるだろう。しかし、じっさいにはそうしたことは起こらない。私たちの神経系はそのようなことが起こらないような構造になっている。私たちは身体的反応に意識を向けることができるが、網膜像に意識を向けることはできないのである。このような違いがあるとはいえ、情動において価値的性質が感受されるときの身体的反応の役割と、トマトの赤い色を見るときの網膜像の役割は媒体という点で同じである。いずれも、それ自身は透明化することで、価値的性質や赤い色が私たちのまえに立ち現われるようにするのである。

## 価値的性質の「感覚器官」

情動において私たちは事物の価値的性質を感受するが、色や音のような事実的性質を知覚する場合と違って、価値的性質の感受には特別な感覚器官がない。しかし、価値的性質が身体的反応を通して感受されるのだとすると、そのような反応が生じる身体こそが価値的性質を感受するための「感覚器官」だと言ってよいのではないだろうか。この「感覚器官」は、視覚器官や聴覚器官が色や音にたいして果たしているのと同様の役割を価値的性質にたいして果たしている。そうだとすれば、色や音が視覚器官や聴覚器官によって感受されるように、事物の価値的性質は身体という「感覚器官」によって感受されるのだと言ってよいのではないだろうか。私たちが情動において価値的性質を感受するとき、私たちは身体という「感覚器官」によってそれを感受しているのである。

身体を価値的性質の「感覚器官」とみなすことができれば、価値的性質の感受を価値的性質の「知覚」とみなすこともできよう。色や音が視覚器官や聴覚器官によって知覚されるように、価値的性質は身体によって知覚されるのである。また、このように考えることができるとすれば、情動において価値的性質が感受されるというのも、まったく当然のことだということになろう。視覚や聴覚において色や音が感受されるように、情動においては価値的性質が感受されるのである。

しかし、身体と視覚器官や聴覚器官のあいだには、一つ重要な違いがある。すでに指摘したように、視覚器官の場合、網膜像に意識を向けて、それを感受するということはできない。

聴覚器官の場合も同様である。蝸牛管の状態に意識を向けて、それを感受することはできない。しかし、身体の場合は、その状態に意識を向けて、それを感受することができる。この点で身体は視覚器官や聴覚器官と重要な違いがある。しかし、そのような違いがあるとしても、身体は視覚器官や聴覚器官と重要な点で類似しており、それゆえ括弧付きでそれを「感覚器官」とみなすことは十分可能であろう。そしてそうみなせば、価値的性質が情動において身体的に感受されることがごく当然のこととして理解される。色や音が視覚器官や聴覚器官を通して感受されるように、価値的性質は身体を通して感受されるのである。

## 注

＊1　情動がたんに心に生じる感じではなく、外界の事物の価値的性質を「感じる」という仕方で捉えるという見方は、今日では非常に有力となっている。この点については、本章の第１節を参照。

＊2　ここでは「怖い」は恐怖の情動ではなく、イヌに備わる価値的性質を表すのに用いられている。

＊3　プリンツは美的経験を驚嘆という情動によって分析することを試みている（Prinz 2011）。

＊4　ドゥ・スーザは情動の「多色的な見方」を唱える（de Sousa 2011, chap.6）。それによれば、事物の価値的性質の経験がすべて情動とみなされ、名もなき無数に多くの情動があるとされる。しかし、ドゥ・スーザはこのような多色的な見方をとることで、情動が必ず何らかの動機づけの力をもつことを否定する。情動のなかには、たんに価値的性質を感じ取るだけで、いかなる行為も動機づけないものがたくさんあると言うのである。しかし、この点は賛成しがたい。情動は価値的性質を感じ取るだけではなく、それに応じた一定の動機づけの力をもつように思われる。しかし、この点はともかくとして、事物の価値的性質の経験をすべて情動とみなし、名もなき無数の情動があるとすることは、まったく正しいように思われる。

＊5　情動を価値判断だとする見方は多くの論者によって採用されている。たとえば、Neu 2000, Nussbaum 2001 を参照。

＊6　これにたいしては、異なる情動が同じ身体的反応をもつことがあるという反論もあるが、プリンツは身体的反応が同じにみえる場合でも、じっさいには異なると考えられうるとして、その反論を斥けている（Prinz 2004: 69-72、邦訳：118-122）。

＊7　このような相関関係があるだけでは、じつは表象関係があるとは言えず、そのためには表象を消費する（つまり利用する）機構が必要である。この点については、Millikan 2004 を参照。

＊8　プリンツはダマシオのソマティック・マーカー仮説を発展させて、情動における身体性を重視しつつ、情動が外界の価値的性質を感じ取るとする情動の知覚説を唱える（Damasio 1994, Prinz 2004）。プリンツは自身の説を「身体的評価説」ともよんでいる。

# 第2章　価値認識の究極的源泉

情動が事物の価値的性質を感受するものだとすれば、情動に基づいて事物の価値的性質を判断することが可能なはずだ。じっさい、私たちは、眼の前のイヌに恐怖を抱き、その恐怖に基づいて、そのイヌは危険だと判断することがよくある。イヌに恐怖を感じるから、イヌを危険だと判断するのである。もちろん、イヌに恐怖を感じても、イヌを危険だと判断しないこともある。イヌがしっかりした檻に入れられていれば、たとえイヌに恐怖を感じても、イヌを危険だとは判断しないだろう。どうしても恐怖を感じてしまうが、本当は危険ではないのだと判断する。しかし、そのような特別な事情がないかぎり、イヌに恐怖を感じれば、イヌを危険だと判断する。イヌへの恐怖が危険だという判断の理由となるのである。

このような情動と価値判断の関係は、知覚と事実判断の関係と基本的に同じである。私たちは、バナナが黄色く見えると、それに基づいて、バナナが黄色いと判断する。黄色く見えるから、黄色いと判断するのである。もちろん、そう判断しないこともある。照明の関係で、物がすべて黄色く見えてしまうことがわかっていれば、バナナが黄色く見えても、黄色いとは判断しない。ひょっとしたら、まだ緑かもしれない。だから、黄色いという判断を保留する。しかし、そのような特別な事情がなければ、見えたとおりに判断する。知覚が判断の理由となるのである。

ここまではとくに問題はないだろう。むしろ、情動が事物の価値的性質を感受するなら、情動が判断にたいして知覚と同様の役割を果たすのは当然であろう。しかし、情動と知覚の類比関係はどこまで成り立つのだろうか。情動が価値判断にたいして果たす役割は、知覚が事実判断にたいして果たす役割とどこまでも同じだと言えるだろうか。それとも、どこかで重要な違いがあるのだろうか。

このような懸念が生じてくるのは、知覚がなければ、事実判断は可能でないだろうが、情動がなくても、価値判断は可能であるように思われるからである。世界の事実的なあり方を知るためには、知覚が不可欠だ。冷蔵庫にトマトがあることを知るためには、冷蔵庫を開けて眼で見る必要がある。もちろん、直接知覚しなくても、推論によって知ることができる場合もある。昨日、冷蔵庫にトマトを入れて、そのままにしておいたから、まだ冷蔵庫にトマトがあるはずだ。しかし、このように推論的に知るとしても、その出発点としてやはり知覚が必要だ。昨日、冷蔵庫に入れたときのトマトの知覚がこの推論の前提になっている。

それにたいして、世界の価値的なあり方を知るためには、情動は必ずしも必要ではないように思われる。私たちはたしかにイヌに恐怖を抱いて、そこからイヌが危険だということを知ることがあるが、そのような恐怖を抱かなくても、イヌが危険だということを知ることができるのではないだろうか。イヌが歯を剝き出しにして迫ってきている。このままでは嚙まれてしまって、ひどい傷を負うだろう。このような事実を知覚や推論によって知ることができれば、そのイヌが危険であることを知ることができる。たとえそのイヌに恐怖を抱かなくても、そのイヌは危険だと正しく判断することができる。このように情動がなくても、世界の価値的なあり方を知ることができるように思われる。

しかし、本当にそうだろうか。知覚がなければ、世界の事実的なあり方を知ることができないのにたいし、情動がなくても、世界の価値的なあり方を知ることができるのだろうか。情動がなければ、事物の価値的性質は立ち現れてこない。それでも、関係する事実さえ知れば、事物がどんな価値的性質をもつかを正しく判断できるのだろうか。知覚をいっさい欠く人は世界の事実的なあり方を認識できない。それと同じように、情動をいっさい欠く人は世界の価値的なあり方を認識できないのではないか。知覚は私たちにとって事実的世界への窓口である。それと同じように、情動は価値的世界への窓口ではないだろうか。本章では、情動がなくても、本当に世界の価値的なあり方を知ることができるのかどうかを考察する。

## 1　価値は事実に付随する

### 付随性

情動がなくても、世界の価値的なあり方を知ることができるのかどうかを考察するためには、まず、事実と価値の関係をはっきりさせておくことが肝要である。事物はふつう事実的な性質とともに、価値的な性質をもつ。イヌは茶色い色をし、歯を剝き出しにし、こちらに迫ってくる。それとともに、そのイヌは危険である。このようなイヌの事実的性質と価値的性質はどのような関係にあるのだろうか。

イヌの事実的性質が決まれば、その価値的性質も一義的に決まるように思われる。イヌが歯を剝き出しにして、こちらに迫ってくる。このままでは、噛まれて、大きな傷を負う。そうであれば、そのイヌは危険である。たとえ恐怖を感じなくても、あるいは危険だと判断しなくても、それは危険である。そのようなイヌに恐怖を感じなかったり、危険だと判断しなかったりすれば、それはイヌが危険でないことを意味するのではなく、その人の情動能力や価値判断能力に問題があることを意味する。そのイヌは危険であり、それゆえ恐怖を感じるべきであり、危険だと判断すべきなのだ。

このように事物の事実的な性質が決まれば、その価値的性質も一義的に決まるように思われる。もちろん、事物の事実的性質のなかには、価値的性質のあり方に関係しないものもある。イヌが茶色い色をしていることは、イヌが危険であることに関係しないだろう。茶色であろうと、白であろうと、黒であろうと、そのイヌは危険だ。しかし、四本足であることは関係するだろう。そのイヌが足を一本なくしていて、三本足であり、こちらに迫ってくるといっても、よたよた迫ってくるにすぎないとすれば、そのイヌは危険ではない。イヌの事実的性質のなかには、その価値的性質のあり方に関係するものもあれば、そうでないものもある。したがって、厳密には、事物の関係する事実的性質が決まれば、その価値的性質も一義的に決まると言うべきであろう。だが、ここでは、簡便のため、いちいち「関係する」を明記しないことにする。

事物の事実的性質が決まれば、その価値的性質も一義的に決まる。一般に性質のあいだのこのような決定関係は「付随性」とよばれる。Ａというタイプの性質とＢというタイプの性質があって、Ａタイプの性質が決まれば、Ｂタイプの性質も一義的に決まるとき、Ｂタイプの性質はＡタイプの性質に付随すると言う。この言い方を用いれば、事物の価値的性質はその事実的性質に付随する。

付随性はいろいろな領域で見られる。たとえば、心的性質はおそらく物的性質に付随するだろう。世界にどのような物的性質があるかが完全に決まれば、心的性質がどうであるかも一義的に決まるだろう。世界のすべての素粒子のあり方が決まれば、人々の脳のあり方や振る舞いの仕方も一義的に決まる。したがって、どの人がどんな心の状態にあるかも一義的に決まるだろう。世界の物的なあり方がまったく同じなのに、心のあり方だけが異なることはありえないように思われる。そうだとすれば、心的性質は物的性質に付随することになる。[*1]同様に、生物的性質は化学的性質に付随し、化学的性質は物理的性質に付随するであろう。

このように付随性はいろいろな領域で成立していると考えられるが、価値的性質についても、付随性が成立すると考えられよう。以下では、価値的性質が事実的性質に付随するものとして話を進めることにする。

## 非還元性

価値的性質が事実的性質に付随するといっても、価値的性質は事実的性質に還元されるわけではない。すなわち、価値的性質はそれが付随する事実的性質にほかならないというわけではない。たしかに、事物の性質のなかには、付随関係だけではなく、還元関係も成り立つ場合もある。たとえば、燃焼は酸素結合に付随するだけではなく、それに還元される。どんなものであれ、それが酸素と結合すれば、それは燃えている。したがって、燃焼は酸素結合に付随する。しかし、それだけではなく、燃えることは酸素と結合することにほかならない。燃焼はたんに酸素結合に付随するだけではなく、それに還元されるのである。気体の温度もそうである。気体がある一定の温度であることは、それの分子がある一定の平均運動エネルギーをもつことにほかならない。気体の温度は気体分子の平均運動エネルギーに付随するだけでなく、それに還元されるのである[*2]。

それにたいして、価値的性質は事実的性質に付随するだけで、それに還元されるわけではない。イヌが歯を剥き出しにして迫ってくるなどの事実的性質をもつなら、そのイヌは必ず危険だということになるが、だからといって、危険だということはそのような事実的性質をもつことにほかならないというわけではない。別の事実的性質をもっていても、危険だということがありうる。イヌが唸り声を上げながら、じっとこちらを見つめていても、それはおそらく危険であろう。そのほかにも、イヌが危険であるときの事実的なあり方はいろいろあろう。それどころか、危険だという価値的性質をもつのは、イヌだけではない。台風が危険なことも、明日の試験が危険なこともある。台風が危険なときの事実的なあり方はイヌが危険なときのいかなる事実的なあり方とも大きく異なるだろうし、明日の試験もそうである。それゆえ、危険だという価値的性質が成立するときの事実的なあり方は無限に多様だと言ってよいだろう。そうだとすれば、危険だということはある事実的なあり方をすることにほかならないとは言えない。もちろん、そのような無数の事実的なあり方のいずれであれ、そのあり方をしていれば、危険だとは言えるが、危険だということがそのあり方をすることにほかならないとは言えない。それは無限に多様な事実的あり方でありうるのである。*3

同じ価値的性質でも、それを決定する事実的なあり方は無限に多様でありうる。したがって、価値的性質は事実的性質に還元されず、ただそれに付随するだけなのである。*4

## 気遣い

価値的性質が事実的性質に付随するということについては、まだ少し疑問が感じられるかもしれない。というのも、事実的性質が決まってもなお、価値的性質が決まらないことがときにはありうるように思われるからである。イヌが歯を剥き出しにして迫ってきており、このままでは、噛まれて、ひどい傷を負う。しかし、そうだとしても、私が身体に傷を負うことをどうでもよいことだと思っていれば、イヌは危険でないだろう。イヌが危険であるのは、私が身体の健全さを気遣っているからである。そのような気遣いがあるからこそ、イヌに噛まれて傷を負うことは、私にとって有害であり、それゆえ、そのイヌは危険なのである。そうだとすると、イヌの事実的性質が決まっても、それだけでは、イヌが危険かどうかは決まらない。私が何を気遣うかということも決まってはじめて、イヌの危険さが決まるのである。

このように価値的性質は事実的性質だけではなく、気遣いという非事実的性質も加えてはじめて決まるように思われる。そうだとすれば、価値的性質は事実的性質に付随するとは言えなくなるだろう。むしろ、ある一定の気遣いのもとで、価値的性質は事実的性質に付随すると言うべきであろう。しかし、本当にそうなのだろうか。ここで鍵を握るのは、私たちが何を気遣うかが、私たちの意のままに、いかなる事実にも左右されずに決められるのかどうかということである。私たちはふつう自分の身体の健全さを気遣う。しかし、それを気遣いたくなければ、気遣わなくてもよいのだろうか。身体の健全さを気遣うかどうかは、私たちが自由に意のままに決めてもよいものなのだろうか。そして気遣うことに決めれば、身体の健全さは価値のあるものとなり、そうでなければ、価値のないものとなるのだろうか。

身体の健全さはそもそも、私たちがそれを気遣うかどうかにかかわらず、価値のあるものではないだろうか。身体が健全であることは、さまざまな身体活動を可能にし、逆に健全さを失えば、その身体活動が制限される。それゆえ、身体の健全さは価値がある。つまり、それはその事実的な特徴のゆえに価値があるのである。そうだとすれば、私たちはそれを気遣うべきであり、意のままに気遣うかどうかを決めてよいわけではないのだ。身体の健全さを気遣わない人もたしかにいるが、そのような人は間違っているのだ。身体の健全さは、それを気遣う人にとっては価値があり、そうでない人にとっては価値がない、というようなものではない。私たちが気遣うかどうかにかかわらず、それは価値があるのであり、それゆえ、私たちはそれを気遣うべきなのである。もし私たちがそれを気遣わないとすれば、私たちは間違っているのである。

私たちが身体の健全さを気遣うから、それに価値があるのではなく、私たちがそれを気遣うかどうかにかかわらず、それに価値があるとすれば、イヌの危険さは私たちが身体の健全さを気遣うかどうかに左右されない。イヌが私たちを噛んで傷を負わせる可能性があれば、それだけでもうそのイヌは危険である。そのイヌは身体の健全さという価値あるものを損なう可能性があるから、危険なのである。身体の健全さを気遣わない人にとっても、身体の健全さは価値あるものであり、それゆえその人に傷を負わせそうなイヌは危険なのである。たとえその人が自分の身体をどうなってもよいものと思っており、それゆえ迫ってくるイヌに恐怖を抱かないとしても、そのイヌは危険なのである。その人が身体の健全さを気遣わず、恐怖を抱かないのは、間違っている。その人は身体の健全さを気遣い、そのイヌに恐怖を抱くべきなのである。

そうだとすれば、結局のところ、価値的性質は事実的性質だけで決まる。それは気遣いには左右されない。事物の価値的性質はその事物とは別のものに価値があるかどうかに左右されるが、その別のものの価値もそのものの事実的性質によって決まるのであり、私たちがそのものを気遣うかどうかに左右されない。こうして価値的性質は事実的性質だけで決まる。したがって、それは事実的性質に付随するのである。

## 内在的性質と関係的性質

事物の価値的性質は私たちの気遣いには依存せず、事実的性質だけで決まる。しかし、このことは、事物の価値的性質が人によって異なることがありえないことを意味するわけではない。同じイヌでも、ある人には危険だが、別の人には危険でないということがありうる。イヌが歯を剝き出しにして迫ってきても、そのイヌを容易に倒せるような武芸の達人にとっては、そのイヌは危険ではない。そのような人の場合、そのイヌに嚙まれて傷を負うことはなさそうだからである。しかし、通常の人にとっては、そのイヌは危険である。通常の人の場合、そのイヌに嚙まれて傷を負うことがおおいにありそうだからである。イヌが危険かどうかは人に相対的である。

しかし、そうだとしても、イヌの危険さが事実的性質のみによって決まることに変わりはない。イヌが危険かどうかは、イヌがどんな人に迫っているかに左右されるが、その人がどんな人であるかはあくまでも事実的な問題である。その人が武芸の達人なのか、それとも通常の人なのかは、その人の身体能力にかんする事実的な問題である。したがって、結局、イヌの危険さは、そのイヌのもつ事実的性質と、それに迫られる人の事実的性質によって決まる。こうして価値的性質は、それが人に相対的だとしても、事実的性質のみによって決まるのである。

事物の価値的性質は私たちの気遣いに依存せず、事実的性質だけで決まる。それは人に相対的でありうるが、そうだとしても、あくまでも事実的性質のみによって決まる。しかしここで、事物の価値的性質を決定する事実的性質について、少し整理しておいたほうがよいだろう。事物の価値的性質が事実的性質のみによって決まるといっても、それはその事物の「内在的」な事実的性質、すなわちその事物それ自体に備わる事実的性質のみによって決まるわけではない。イヌの危険さは、イヌが歯を剥き出しにしていることだけで決まるわけではない。それはイヌがどんな事実的性質をもつ人に迫ってきているかということにも左右される。さらに、イヌが頑丈な檻に入れられているかどうかということにも左右される。イヌが他のどのような事実的あり方をした事物（人も含む）にたいしてどんな事実的な関係にあるかということを、イヌの「関係的」な事実的性質とよぶことにしよう。そうすると、イヌが危険かどうかは、ようするに、イヌの内在的な事実的性質だけではなく、関係的な事実的性質にも依存するのである。このように事物の価値的性質は、その事物の内在的な事実的性質と関係的な事実的性質の両方によって決定されるのである。[*5]

## 2　価値判断に情動は不要か

### 情動不要説

事物の価値的性質がその事物の事実的性質（内在的と関係的の両方を含む）だけで決まるとすれば、情動によって事物の価値的性質を感受しなくても、事物の価値的性質を知ることは可能であるように思われる。事物の価値的性質を決定する事実的性質は、価値的ではなく事実的なので、知覚によって知ることができる（あるいは、知覚的に知られた事実から推論することによって知ることができる）。イヌの危険さは、そのイヌが歯を剝き出しにしていることや、通常の人に迫ってきていること、頑丈な檻に入れられていないことなどの内在的・関係的な事実的性質だけで決まるが、このような事実的性質は眼で見たり、手で触ったりして知ることができる。そしてそのような事実的性質だけで、イヌの危険さが決まる。したがって、そのような事実的性質を知れば、そこからイヌの危険さを導き出して、それを知ることができる。こうして情動に頼らなくても、知覚と導出によって事物の価値的性質を知ることが可能になる。

もちろん、私たちは情動によって事物の価値的性質を感受し、それに基づいて価値的性質を知ることもできる。迫ってくるイヌに恐怖を抱くこと、つまりそのイヌが危険であることを身体的に感受することを通じて、私たちはそのイヌを危険だと判断し、そうすることでそのイヌの危険さを知ることができる。しかし、このように情動によらなくても、イヌの関連する事実的性質を知覚すれば、そこからイヌが危険であることを導き出すことができる。事物の価値的性質を知るのに、情動は必ずしも必要ないのである。

ところで、私たちは事物の色を知るのに、必ずしも視覚に頼る必要はない。事物から反射する光の波長を測定することによって、事物の色を知ることができる。バナナが黄色いことは、バナナから反射される光の波長を測定することによって知ることができる。したがって、盲目の人であっても、そのような測定を行うことで、バナナの色を知ることができる。もちろん、その人にはバナナの色は見えない。その人に黄色いバナナが視覚的に立ち現れることはない。それでも、その人はバナナが黄色いことを知ることができるのである。ただし、この場合、いかなる知覚も不要だというわけではない。光の波長を測定することができるためには、測定装置が示す波長の値を触覚的に読み取ることができなければならない。したがって、触覚が必要となる。バナナの色を知るためには、必ずしも視覚による必要はないが、それでも何らかの知覚が必要なのである。

情動によらずに、知覚と推論によって事物の価値的性質を知ることは、視覚によらずに、反射光の測定によって事物の色を知ることによく似ている。視覚によらない場合、事物の色は感受されない。それは私たちに立ち現れない。それでも、反射光を測定することで、事物の色を知ることができる。それと同じように、情動によらない場合、事物の価値的性質は感受されない。それは私たちに立ち現れない。それでも、事実的性質の知覚とそこからの導出によって、事物の価値的性質を知ることができる。このように事物の価値的性質を知ることができるとすれば、情動はそれを知るのに絶対に不可欠だというわけではない。情動はなくてもよいのである。このような見方を「情動不要説」とよぶことにしよう。

## 価値は事実から導き出せるか

情動不要説によれば、知覚が世界の事実的なあり方を知るのに不可欠であるのにたいして、情動は世界の価値的なあり方を知るのに必ずしも不可欠ではない。知覚が事実判断の理由となり、情動が価値判断の理由となるとしても、知覚が事実判断の不可欠の基盤であるのにたいし、情動は価値判断の不可欠の基盤ではない。情動がいっさいなくても、価値判断は可能である。知覚と情動の類比性はどこまでも成り立つわけではなく、それは判断との関係で崩れるのである。

価値認識にかんする情動不要説はなかなかの説得力をもつ。しかし、よく考えてみると、そこにはある重大な問題があるように思われる。情動不要説の鍵は、事実的性質の知覚から価値的性質を導き出す点にある。イヌが歯を剝き出しにしていることや通常の人に迫ってきていることなどのイヌの内在的・関係的な事実的性質を知覚し、そこから危険だというイヌの価値的性質を導き出す。こうして情動ぬきの価値判断が可能になる。しかし、イヌの事実的性質から価値的性質を導き出すことは本当に可能なのだろうか。

事実から価値を導き出すことは、ときに「自然主義的誤謬」と言われる（この名称はMoore 1903において導入された）。事実と価値は根本的に異なるものであり、事実から価値を導き出すことはできない。事実から導き出せるのは事実だけである。事実から価値を導き出そうとするのは、事実と価値を混同し、価値を何か事実の束のようなものと誤解するからである。ある掃除機が、吸引力が強く、持ち運びが容易で、長持ちすることから、それが良い掃除機であることを導き出そうとするのは、掃除機の良さをそのような掃除機の事実的性質の集まりと同一視しているからである。しかし、事実的性質をいくら集めても、価値的性質にはならない。両者は根本的に異なるのである。

事実から価値を導き出すことについては、事実と価値を峻別する立場から、このような批判がときになされる。しかし、事実と価値が異なるといっても、それらはけっして無関係ではない。それどころか、付随性というじつに密接な関係がある。価値的性質は事実的性質に還元されないが、それでもそれに付随する。つまり、価値的性質は事実的性質にほかならないわけではないが、事実的性質が決まれば、価値的性質も決まる。事実と価値のあいだには、このような密接な関係がある。じっさい、情動不要説が事実的性質から価値的性質を導き出すときに頼りにしているのは、この付随性である。事実的性質が決まれば、価値的性質も決まる。そうだとすれば、事実的性質から価値的性質を導き出せるはずであり、それゆえ事実的性質を知覚すれば、そこから価値的性質を知ることができるはずである。

しかし、価値的性質が事実的性質に付随するというだけで、事実的性質から価値的性質を導き出せるのだろうか。事実的性質が決まれば、価値的性質も決まる。そうだとしても、事実的性質と価値的性質が異なる以上、事実的性質から導き出せるのは事実的性質だけであって、価値的性質は導き出せないのではないか。もちろん、かくかくの事実的性質が成立すれば、しかじかの価値的性質が成立するという具体的な付随関係を知っていれば、それを用いて、事実的性質から価値的性質を導き出すことができる。「イヌが歯を剝き出しにして、通常の人に迫っているなら、イヌは危険だ」ということを知っていれば、イヌが歯を剝き出しにして、通常の人に迫っていることから、イヌが危険であることを導き出すことができる。しかし、私たちはそのような具体的な付随関係をどのようにして知ることができるのだろうか。それを知るためには、結局、情動が必要だということにならないだろうか。

私たちは情動ぬきに事実的性質と価値的性質のあいだの具体的な付随関係を知ることができるだろうか。この問いに肯定的に答えられないかぎり、情動不要説は安泰ではいられない。しかし、それに肯定的に答えることは可能なのだろうか。この問題は節を改めて、詳しく検討することにしよう。

## 3　情動の根源性

### 事実から価値は導き出せない

まず、事実的性質と価値的性質の具体的な付随関係を知らないかぎり、事実的性質から価値的性質を導き出せないことを確認しておこう。

価値的性質は事実的性質に付随するが、それに還元されない。したがって、価値的性質は何らかの事実的性質と同一だということにならない。ある性質が別の性質に還元されるなら、それらは同じ性質だということになる。たとえば、水は$H_2O$に還元される（水であるという性質は$H_2O$であるという性質に還元される）。そうだとすると、水であることは$H_2O$であることにほかならないから、それらは同じ性質だということになる。同じ性質であれば、一方の性質から他方の性質を導き出すことはもちろん可能である。ある物質が$H_2O$であることから、その物質が水であることを導き出すことができる。水であることと$H_2O$であることは同じ性質だからである。

ここで、少し疑問が起こるかもしれない。水であることと$H_2O$であることが同じ性質だとしても、水であるという概念（日常的な概念）と$H_2O$であるという概念は異なる。じっさい、水であるという概念を分析して$H_2O$であるという概念に到達したり、$H_2O$であるという概念を分析して水であるという概念に到達したりすることはできない。その点で、それらは二等辺三角形と二等角三角形の関係とは異なる。二等辺三角形の概念を分析して二等角三角形の概念に到達したり、その逆を行ったりすることが可能である。水であるという概念と$H_2O$であるという概念は、そのような概念分析によってお互いへ到達することができない。したがって、水であることが$H_2O$であることだということを概念分析によって知ることはできない。じっさい、それは水を経験的に探究することによってはじめて明らかとなったのである。そうだとすれば、水であることから$H_2O$であることを導き出したり、その逆を行ったりすることはできないのではないだろうか。

この疑問は一見、もっともに思えるかもしれないが、それは概念の問題と性質の問題を混同している。$H_2O$であることから水であることを概念分析によって導き出せないというのはそのとおりであるが、それは$H_2O$であるという概念と水であるという概念の導出関係を問題にしているのであって、$H_2O$であるという性質と水であるという性質の導出関係を問題にしているわけではない。性質で言えば、$H_2O$であるという性質と水であるという性質は同じ性質であるから、当然、一方から他方が導き出せるのである。たしかに同じ性質が異なる概念によって捉えられ、それらの概念のあいだには導出関係が成立しない（概念分析によって他方に到達できない）ということはありうるが、そうだとしても、性質そのものは同じであるから、性質のあいだの導出関係はもちろん成り立つのである。

ある性質が別の性質に還元されるなら、その性質は別の性質から導き出すことが可能である。したがって、価値的性質が事実的性質に還元されるなら、価値的性質は事実的性質から導き出せる。しかし、価値的性質は事実的性質に還元されない。それに付随するだけである。したがって、価値的性質は何らかの事実的性質と同じだとは言えない。そうだとすれば、価値的性質を事実的性質から導き出すことは不可能ということになるのだろうか。

必ずしもそうとは言えない。話はもう少し複雑である。ある性質が別の性質に還元されず、それに付随するだけだとしても、その性質を別の性質から導き出すことが場合によっては可能である。気体がある一定の平均分子運動エネルギーEをもつことは、気体の各分子の質量と速度に付随するが、それらには還元されない。気体が平均分子運動エネルギーEをもつときの各分子の質量と速度は無限に多様でありうる。それでも、そのような多様なあり方のいずれからでも、気体が平均分子運動エネルギーEをもつことを導き出すことができる。気体の各分子の質量と速度が決まれば、そこから各分子の運動エネルギーを導き出すことができ、それらを平均することでEを導き出すことができるからである。

では、価値的性質も事実的性質に還元されず、それに付随するだけだが、それでも事実的性質から導き出すことができるだろうか。残念ながら、そうはいかない。気体の平均分子運動エネルギーと気体分子の質量・速度の場合は、気体分子の質量・速度に論理と数学の法則という非経験的な法則のみを適用して気体の平均分子運動エネルギーを導き出すことができたが、事実的性質にそのような非経験的な法則を適用しても、そこから出てくるのはあくまでも事実的性質だけであって、価値的性質は出てこない。事実から価値を導き出せないという自然主義的誤謬の考えを支えているのは、事実に論理的・数学的操作をいくら加えても、そこから出てくるのは事実だけだという直観であろう。事実的性質が決まれば、価値的性質も決まるが、その事実的性質にどんな論理的・数学的操作を加えても、価値的性質は出てこない。出てくるのは事実的性質だけである。それゆえ、事実的性質から価値的性質を導き出すことはできないのである。

事実的性質から価値的性質を導き出せないと言っても、それらのあいだの具体的な付随関係がわかれば、話は別である。「イヌが歯を剝き出しにして、通常の人に迫っているなら、イヌは危険である」ということがわかっていれば、イヌが歯を剝き出しにして、通常の人に迫っていることから、イヌが危険であることを導き出すことができる。しかし、そのような具体的な付随関係をわたしたちはどのようにして知ることができるのだろうか。

事実的性質から価値的性質を非経験的な法則のみを用いて導き出すことができない以上、私たちはそれらのあいだの具体的な付随関係を経験的に知るしかない。「イヌが歯を剝き出しにして、通常の人に迫っているなら、イヌは危険である」ということを知るには、「イヌが歯を剝き出しにして、通常の人に迫っている」ことを知るときには、いつも「イヌは危険である」ことも知ることになるということを経験的に確かめるしかない。「イヌが歯を剝き出しにして、通常の人に迫っている」ことは、知覚によって知ることができる。しかし、「イヌは危険である」ということは、どのようにして知ることができるのだろうか。

それはやはり情動によって知るほかないように思われる。「イヌが歯を剝き出しにして、通常の人に迫っている」というイヌの事実的性質が知覚的および推理的に私たちに与えられるとき、そこで成立している「イヌは危険である」という価値的性質を私たちは恐怖の情動によって身体的に感受できる。しかし、恐怖の情動によらないならば、どのようにしてイヌの危険さを知ることができるだろうか。恐怖を抱くことなく、直接、イヌが危険であることを判断できるだろうか。しかし、私たちはそのような判断能力をもちあわせてはいない。世界のあり方を判断するためには、まず、世界のあり方から何らかの刺激を受けて、そのあり方を感受しなければならない。世界の事実的なあり方の場合には、知覚がその感受の役割を果たすが、それと同様に、世界の価値的なあり方の場合には、情動がその感受の役割を果たす。そうだとすれば、世界の価値的なあり方を情動ぬきに判断することはできないのである。

事実的性質と価値的性質のあいだの具体的な付随関係を知るためには、情動が必要である。そうだとすれば、結局、情動不要説は成り立たない。事実的性質から価値的性質を導き出すことができないとすれば、事実的性質を知覚と推理によって知っても、そこから価値的性質を知ることはできない。事実的性質と価値的性質のあいだの具体的な付随関係を知っていれば、もちろん事実的性質を知ることから価値的性質を知ることができるが、そのような付随関係を知るのに、そもそも情動が必要なのである。しかもそうであれば、具体的な付随関係の知をわざわざ利用しなくても、情動による価値的性質の感受から直接、その価値的性質を判断すればよい。イヌが危険であることは、「イヌが歯を剝き出しにして、通常の人に迫っているなら、イヌは危険である」という知識を用いなくても、恐怖によってイヌの危険さを感受し、それに基づいてイヌは危険だと判断すればよいのである。

こうして結局のところ、価値判断には情動が不可欠である。情動がなければ、世界の価値的なあり方を知ることはできない。情動は私たちにとって世界の価値的なあり方への唯一の窓である。それは価値認識の究極的な源泉なのである。

注

＊1　心的性質が物的性質に付随することを否定する論者もいる。そのような論者はしばしば「哲学的ゾンビ」の可能性をもちだす。痛みや痒みなどの感覚的な質（「クオリア」とよばれる）をもつ人と物的にはまったく同じでありながら、そのような感覚的な質を完全に欠く人は哲学的ゾンビとよばれるが、このような哲学的ゾンビが可能だとすれば、感覚的な質は物的性質に付随しないことになる。したがって、心的性質のなかには物的性質に付随しないものもあることになる。しかし、哲学的ゾンビはたしかに思考可能ではあるが、じっさいには可能ではないように思われる。哲学的ゾンビの不可能性については、信原 2002 を参照。

＊2　ただし、温度一般が分子の平均運動エネルギーに還元されるわけではない。液体や固体、プラズマの温度については、別の捉え方が必要である。チャーチランド 2016: 80-1 を参照。

＊3　ここでつぎのような疑問が生じるかもしれない。あるものが危険だということは、結局、そのものが危害を及ぼす可能性があるということだから、そのものがどんな事実的なあり方をしていようと、そのあり方から危害を及ぼす可能性があるということが導き出せれば、そのものは危険だということになる。したがって、危険なものの事実的なあり方が無限に多様であるとしても、危害を及ぼす可能性があるという点で、それらは共通ではないか。たしかにそのとおりである。しかし、危害を及ぼすというのは価値的性質であり、それが無限に多様な事実的あり方をしうる。したがって、結局、危険だということは事実的あり方として無限に多様でありうるのである。

＊4　心的性質も物的性質に付随するだけで、それに還元されないという「非還元的物理主義」の立場をとる論者は多い。物的性質が法則的であるのにたいし、心的性質はそうでないとする非法則的一元論（Davidson 1970）や、心的性質を無数に多くの種類の物的性質によって実現可能であるような機能的性質とする機能主義（Putnam 1960, Lewis 1972）も、非還元的物理主義に数えられる。

＊5　ここでは、価値について非常に強い客観主義的ないし実在論的な見方をとっている。もちろん、価値については、主観主義的ないし反実在論的な見方もある。それによれば、事物の価値的性質はその事物にたいする私たちの評価によって決まるとされる。私たちが危険だと感じれば、危険だし、安全だと判断すれば、安全だというわけである。価値の客観主義的な見方と主観主義的な見方のいずれが正しいかは、価値にかんする非常に大きな問題であり、長期にわたって幾多の論争がなされてきたが、ここではその問題に本格的に取り組む余裕は

ないので、私が支持したい客観主義的な見方が正しいものとして話を進めていくことにする。

# 第3章　葛藤する心

キャシーは外見をとても重視している。最新の流行を追って、高価な服やバッグをたくさん買うし、流行遅れの人を見ると、軽蔑する。また、服が少しでも汚れていたり、皺になっていたりすると、我慢できない。流行の衣装をビシッと着こなして、颯爽と街を歩いていると、至福の喜びを感じる。

このように外見に多大なお金と時間を費やしてきたキャシーだが、あるときふと、功利主義的な考え方に出会って、倫理の本をいろいろ読み、ついに功利主義の正しさを心から確信するようになる。しかもなぜ功利主義が正しいのかの理由もはっきり認識するようになる。功利主義では、できるだけ多くの人ができるだけ多く幸せになることを大切にする。それゆえ、自分のことにばかり時間と労力をかけるのではなく、困っている人たちを助けることに重きを置く。確固たる功利主義者となったキャシーは、外見に多大なお金と時間を費やすのは間違いであり、困っている人たちを助けるためにもっとお金と時間を使うべきだと思うようになる。外見はとくに見苦しくなければ、それでよい。

しかし、そう思うようになっても、外見への情動的なこだわりがキャシーの心から消え去らない。流行遅れの服を着て出かけると、惨めに感じるし、最新のファッションに身を包んで外出すると、至福の喜びを感じてしまう。流行の最先端を行く人を見ると、羨ましいと感じるし、流行遅れの人を見ると、ダサいと感じる。そのため、どうしても最新の服やバッグをたびたび買ってしまう。

（このキャシーの話は Helm 2001: 149 に描かれた例を少し改変したものである。）

キャシーが陥っている苦境は、ようするに、外見にかんする価値判断と情動が真っ向から対立していることである。彼女は功利主義者として、一般的に外見はそれほど重要ではないと判断し、個々の場面でも、そのような一般的な判断に応じた個別的な判断をする。たとえば、今日の服は流行のものでなくてよいと判断するし、流行遅れの人を見ても、きちんとした身なりをしていると判断する。しかし、彼女の情動はそれと真っ向から対立する反応を示す。今日の服は流行のファッショナブルなものでなければ、絶対に嫌だと感じるし、流行遅れの人を見ると、ダサいなあと軽蔑してしまう。

このような価値判断と情動の葛藤はそう珍しいものではない。しかし、なぜそのような葛藤が生じるのだろうか。価値判断と情動が事物の価値的なあり方をそれぞれ別々に捉えているのならば、そのような葛藤が起こることは十分理解できる。しかし、価値判断と情動のあいだには密接な関係がある。前章で見たように、価値判断は究極的には情動に基礎を置いている。情動にいっさい依拠せずに、事物の価値的なあり方を判断することはできない。そうだとすれば、価値判断にできることは、情動に合致した内容の判断を形成することだけではないだろうか。流行の服を着ることに喜びを感じるなら、それを喜ばしいことだと判断し、けっして贅沢でよくないことだとは判断しない。また、流行遅れの服を着ることに恥ずかしさを感じるなら、それを恥ずかしいことだと判断し、けっして慎ましくてよいことだとは判断しない。このように情動に基づいて、それに合致する価値判断がなされるとすると、情動と食い違う価値判断が形成されることはないはずだ。

しかし、価値判断と情動の葛藤はしばしば起こる。なぜこのような葛藤が生じるのだろうか。そもそも、それが生じることはいかにして可能なのだろうか。この疑問に答えるためには、情動が事物の価値的なあり方をどのように感受するかをもっと詳しく見ていく必要がある。また、それに加えて、価値判断が情動に依拠しつつも、どのようにしてそれを超えてさらに深く体系的に事物の価値的なあり方を捉えていくかを見ていく必要がある。価値判断と情動は、ともに世界の価値的なあり方を認識すると言っても、その認識の仕方は根本的に異なる。この違いにこそ、価値判断と情動の葛藤が生まれる源泉がある。*1

## 1　情動の合理性

### 理に適った情動

歯を剝き出しにして迫って来るイヌに恐怖を感じるのは、理に適っている。そのようなイヌはたしかに危険だし、うまく対処しなければ、嚙まれて大怪我をするだろう。したがって、恐怖を感じるのは当然のことである。たしかにそのようなイヌであっても、じつはけっして人を嚙むようなイヌではなく、まったく危険はないということもまれにあるかもしれない。しかし、そうであっても、そのようなイヌは一般に人を嚙む可能性が高いし、そうであれば、恐怖を感じるのはやはり理に適っていよう。

それにたいして、小さなイヌにキャンキャン吠えられただけで恐怖を感じるのは、理に適っていない。そのようなイヌはまったく危険ではないし、何も対処しなくても、嚙まれて怪我をすることはないだろう。そうであるにもかかわらず、恐怖を感じてしまうのは理不尽である。たしかにじっさいはそのようなイヌであっても、じつは凶暴であって、うまく対処しなければ、嚙まれて怪我をすることがまれにあるかもしれない。しかし、一般にはそのような可能性はほとんどないし、そうであれば、そのようなイヌに恐怖を感じることは、やはり理に適っていない。

情動には、理に適ったものとそうでないものがある。つまり、合理的な情動と不合理な情動がある。合理的な情動はつねに正しいというわけではないが、おおむね正しい。それは確かな手がかりに基づいて事物の価値的性質を捉えている。もちろん、確かな手がかりに基づいていても、誤る可能性はゼロではないが、たいていは正しい。それにたいして、不合理な情動はたまたま正しいこともあるが、おおむね正しくない。それは確かな手がかりに基づくことなく事物の価値的性質を捉えており、それゆえおおむね誤っている。

情動の合理性は情動の正しさと完全には一致しない。合理的な情動でも正しくないことがあるし、逆に、正しい情動でも合理的でないことがある。この点がここでは重要な意味をもつ。のちに見るように、価値判断でも、合理性と正しさは微妙にずれるが、そのずれは情動の場合のほうがかなり大きい。このずれの大きさの違いが価値判断と情動の葛藤を生む主要な源泉なのである。

## 情動の一貫性

合理的な情動はおおむね正しい情動である。このことから、合理的な情動はおおむね一貫したパターンを形成することが導き出される。[*2]

私たちはそのときどきの対象にたいして、その対象の価値的なあり方に応じて、しかるべき情動を抱く。イヌが歯を剝き出しにして迫ってくるとき、そのイヌが危険であるがゆえに、それに恐怖を感じる。友人が難しい試験に合格すると、その合格がめでたいことであるがゆえに、友人に喜びを感じる。財布を盗まれると、盗みが不正であるがゆえに、盗人に怒りを覚える。

このような情動は、それぞれがただバラバラに生じるだけで互いに何の関連もないというのではなく、全体としておおむね一貫したパターンを形成している。歯を剝き出しにして迫ってくるイヌに恐怖を感じるのであれば、そのイヌからうまく逃げおおせれば、ホッとするだろうし、逆に、逃げ遅れて嚙まれれば、無念に思うだろう。また、そのようなイヌにたいして恐怖を感じるのであれば、およそ身体に危害を及ぼす可能性のあるものにたいしては恐怖を感じるだろう。雨で滑りやすくなった階段を下りるときにも恐怖を感じるだろうし、伝染病に罹った人のそばにいるときにも恐怖を感じるだろう。

難しい試験に合格した友人に喜びを感じる場合も同様である。そのような友人に喜びを感じるのであれば、逆に、もし友人が試験に落ちていたら、悲しみを感じるであろうし、友人自身が試験の合格にあまり喜びを感じていないとすれば、どうしたのだろうと訝しさを感じるだろう。また、友人が試験に合格したことに喜びを感じるのであれば、およそ友人に何か良いことが生じたときには、喜びを感じるだろうし、逆に不幸なことが生じたときには、悲しみを感じるだろう。友人が結婚したときには喜ぶだろうし、離婚したときには悲しむだろう。また、友人に子供が生まれたときには喜ぶだろうし、子供を亡くしたときには悲しむだろう。

私たちが抱く諸々の情動は、互いにバラバラではなく、おおむね一貫したパターンを形成している。それは世界の価値的なあり方に一定の秩序があり、その価値的な秩序を情動がおおむね正しく反映することになるからである。迫ってくるイヌや、滑りやすい階段、伝染病に罹っている人のそばにいることがいずれも危険であるのは、それらがすべて身体の健全性を害する可能性があるからである。それらはいずれも身体の健全性を害する可能性があるという一般的なあり方の個別的な事例である。それゆえ、それらはいずれも危険なのである。

また、身体の健全性を害する可能性があるというのは、身体の健全性と心の健全性の両方を含む生命の健全性を害する可能性があるというより一般的なあり方の一つである。そして生命の健全性を害することは、すべて危険である。したがって、身体の健全性を害することは、生命の健全性を害することの一つのあり方として危険なのである。このように危険性という価値的性質を有するものは、一般的なものからより個別的なものへと階層的な秩序をなしている。一般に、事物の価値的性質はこのような階層的秩序を形成するのである。

しかし、世界の価値的なあり方はそのような階層的秩序だけではなく、法則的な秩序も形成する。危険なものであれば、ふつうそれは回避される。危険なものが回避されれば、ふつう安全になる。あることの実現が喜ばしければ、ふつうそれを実現しようとする。悲しいことであっても、ふつうそれはやがて悲しいことではなくなる。

世界の価値的なあり方はこのように階層的、法則的な秩序をなす。合理的な情動はこのような秩序をおおむね正しく反映する。なぜなら、合理的な情動は個々の事物の価値的性質をおおむね正しく捉えるので、そのような価値的性質が形成する階層的、法則的な秩序もおおむね正しく反映することになるからである。イヌが危険であれば、恐怖の情動を抱いて、そのイヌを危険だと捉える。友人の合格が喜ばしければ、喜びの情動を感じて、それを喜ばしいと捉える。財布を盗むことが不正であれば、怒りの情動を抱いて、それを不正だと捉える。このように個々の事物の価値的性質を正しく捉えれば、それに伴って当然のことながら、個々の事物の価値的性質に備わる階層的、法則的秩序も正しく捉えることになる。こうして合理的な情動は世界の価値的な秩序をおおむね正しく反映し、それゆえその秩序に対応したおおむね一貫したパターンを形成するのである。

## 情動の一面性

　合理的な情動はおおむね正しいがゆえに、おおむね一貫したパターンを形成する。そして情動はおおむね合理的に生起し、不合理な情動はごく少ない。それゆえ、合理的な情動だけではなく、それに不合理な情動を加えてもなお、情動はおおむね一貫したパターンを形成する。そうだとすれば、そのような一貫したパターンから逸脱する情動は、不合理な情動であるか、あるいは合理的だとしても、たまたま間違った情動だということになる。

　小さなイヌが尻尾を振ってちょこまかと歩いてくる。可愛いなと感じる。しかし、つぎの瞬間、その小イヌが私に向かってキャンキャン吠えてくる。そのとたん、恐怖を覚える。しかし、吠えるのがやむと、また可愛く感じる。小イヌが吠えたときの恐怖は、私が抱く情動の一貫したパターンから逸脱している。それはおそらく不合理な情動であろう。つまり、確かな手がかりに基づかない情動であろう。小イヌがキャンキャン吠えたところで、噛みついてきたりはしないだろうし、たとえ噛みついてきたとしても、たかが小イヌだ、蹴飛ばしてしまえばよい。小イヌが吠えても、その小イヌはまったく危険でないはずだ。そうだとすれば、小イヌへの恐怖は確かな手がかりに基づかない不合理な情動だということになる。そのような情動が生じるのはおそらく、かつて鋭い唸り声を上げて襲ってきた獰猛なイヌに腕をがぶりと噛まれたことがあり、それがトラウマになっているからであろう。小イヌの吠え声がその忌まわしい経験を呼び起こすのだ。

不合理な情動だけではなく、合理的であっても、誤った情動は、やはり情動の一貫したパターンから逸脱する。歯を剝き出して低く唸る大きなイヌであっても、頑丈な檻に入れられていれば、嚙まれる危険性はないはずである。じっさい、頑丈な檻を眼にすると、イヌに恐怖を感じることはないし、むしろ安心感を覚える。しかし、そのイヌの巨大さや剝き出しの歯を眼にし、その唸り声を耳にすると、どうしても恐怖を感じてしまう。だが、恐怖を感じるのは、そのときだけである。イヌが歯を剝かず、おとなしく座っていれば、恐怖を感じないし、安心感を覚える。このようにそのイヌが歯を剝き出しにして唸るときの恐怖は、私が抱く情動の一貫したパターンから逸脱している。それはその恐怖がじっさいには危険でないイヌにたいして抱かれた誤った恐怖だからである。

しかし、この恐怖が誤っており、情動の一貫したパターンから逸脱しているとしても、それはけっして不合理な情動ではない。それはそれなりに確かな手がかりに基づいている。大きなイヌが歯を剝き出しにして低く唸っていれば、そのイヌはふつう危険である。つまり、嚙まれて大怪我をする可能性がある。たしかに、この場合は、そのイヌは大きな檻に入れられており、それゆえ嚙まれる可能性はない。しかし、大きなイヌが歯を剝き出しにして低く唸っているということだけからすれば、そのイヌが危険である公算はかなり高い。したがって、それはイヌが危険であることのそれなりに確かな手がかりとなる。

だが、そのような一面的な手がかりに基づいているだけで、イヌへの恐怖を合理的だと言ってよいのだろうか。その恐怖はイヌが頑丈な檻に入れられていることをまったく反映していない。イヌのそのような一面を反映せず、歯を剝き出しにして唸るという面だけを反映する情動は、けっして合理的とは言えないのではないだろうか。

このような疑問が浮かぶのはもっともである。しかし、私たちが情動にどんな合理性を求めているかを考えてみれば、その疑問は解消するであろう。私たちが情動に求めている合理性は、かなり安っぽいものである。私たちは、情動が対象のさまざまな側面に注意を向けて、それらの諸側面を総合したうえで形成されるべきものだとは考えていない。のちに見るように、そのような諸側面の総合は情動ではなく、価値判断に求められる役割である。私たちは情動にそのような慎重な反応を求めるのではなく、対象の一面に注目して素早く反応することを求める。そのような一面的な反応であっても、その一面がまずまず信頼できるものであれば、それに基づいて形成される情動も、まずまず正しいものになる。私たちが情動に求めているのは、まあまあの精度の迅速な価値認識である。したがって、情動に求める合理性も、価値判断ほど高くない。一面的な手がかりであっても、それなりに信頼できる手がかりに基づいて形成されれば、合理的な情動として認められるのである。[*3]

以上、情動による価値認識の特徴を見てきたが、つぎに価値判断による価値認識の特徴を見ていこう。

## 2　価値判断の体系性

### 情動の総合

価値判断は情動に基づいて形成される。情動にもっとも直接的に基づいて形成されるのは、情動によって感受される対象の価値的性質をそのまま判断の内容とするような価値判断である。眼前のイヌに恐怖を感じれば、それに基づいて、そのイヌは危険だと判断する。友人の成功に喜びを感じれば、それに基づいて、その成功は喜ばしいと判断する。論文を無断で使用されたことに怒りを感じれば、それに基づいて、その使用は不正だと判断する。

知覚によって捉えられた事実をそのまま判断の内容とするような事実判断は「知覚的判断」とよばれる。たとえば、テーブルのうえにバナナがあるのが見えれば、それに基づいて、テーブルのうえにバナナがあると判断する。雷が鳴っているのが聞こえれば、雷が鳴っていると判断する。このような知覚的判断と類比的に、情動に直接基づいてなされる価値判断は、「情動的価値判断」とよぶことができよう。

価値判断はたんに情動的価値判断を形成するだけではない。それらを総合して、対象の価値的性質をより正しく認識しようとする。頑丈な檻に入れられた大きなイヌにたいしては、檻のほうに注意を向ければ、安心感を抱いて、安全だと判断するが、歯を剝き出しにして唸ることに注意を向ければ、恐怖を感じて、危険だと判断する。このようなさまざまな情動的価値判断を総合して、イヌは安全だという判断を形成する。そのさい鍵となるのは、情動の一貫したパターンである。一貫したパターンに含まれる情動に基づく価値判断は正しく、そこから逸脱した情動に基づく価値判断は誤りだとして、情動的価値判断の総合が行われ、その結果、そのイヌは安全だという最終的な価値判断が形成される。こうして価値判断は、情動に基づきつつも、個々の情動的価値判断を超えて、それらを総合した価値認識（対象の価値的なあり方にかんするより正しい認識）を可能にするのである。

これは事実判断の場合とまったく同様である。まっすぐな棒は、空中ではまっすぐに見えるが、水に半分入れると、折れ曲がって見える。しかし、それを手で触ってみると、まっすぐに感じられる。このようなさまざまな知覚に基づいて、それぞれの知覚的判断が形成されるが、一貫したパターンに含まれる知覚に基づく判断が正しく、そこから逸脱した知覚に基づく判断は誤っているとして、知覚的判断の総合が行われ、その結果、その棒はまっすぐだという最終的な事実判断が形成される。こうして事実判断は、知覚に基づきつつも、個々の知覚的判断を超えて、それらを総合した事実認識（対象の事実的なあり方にかんするより正しい認識）を可能にする。これと同様に、価値判断も、個々の情動的価値判断を超えて、より正しい価値認識を可能にするのである。

## 価値的秩序の認識

価値判断は、情動的価値判断を総合して個々の対象の価値的性質をより正しく判断するだけではなく、そのような個別的な価値判断をさらに総合して、一般的な価値判断を形成する。そしてそれを通じて、世界の価値的なあり方を体系的に認識することを目指す。このような体系的な認識は、ようするに、世界の価値的な秩序を認識することにほかならない。

私たちは、そのときどきの情動的価値判断を総合することにより、たとえば、そのイヌは危険だとか、うまく逃げおおせてもう安全だとか、イヌに噛まれなかったのは幸いだとか、等々の個別的な価値判断をくだす。また、雨で滑りやすくなった階段を下りるときには、その階段は危険だとか、滑って転んだのは残念だとか、それでも軽い怪我ですんだのは不幸中の幸いだとか、等々の個別的な価値判断をくだす。さらに、伝染病に罹った人の側にいるときには、この状況は危険だとか、あまり長く一緒にいなかったので大丈夫だろうとか、結局、伝染病に罹らなかったのは幸いだとか、等々の個別的な価値判断をくだす。このような諸々の個別的な価値判断を総合して、私たちはたとえば、身体の健全性は重要だという一般的な価値判断を形成する。

このような一般的な価値判断が得られると、そこから諸々のより個別的な価値判断を導き出すことができるようになる。身体の健全性が重要だという価値判断から、まず、身体の健全性を害することは悪であり、それを守ることは善だという判断が導き出される。つぎに、それらの判断から、身体の健全性を害する可能性があることは危険であるという判断や、その可能性がないことは安全だという判断が導き出される。さらに、そのような判断から、イヌが迫ってくることは危険であるという判断や、そのイヌから逃げおおせた状態は安全だという判断が導き出される。また、雨で滑りやすい階段を下りるのは危険だとか、伝染病に罹らなかったのは幸いだとか、等々の判断が導き出される。こうして個別的な価値判断が一般的な価値判断から導き出され、価値判断の体系化がなされる。この価値判断の体系は、世界の価値的なあり方の階層的秩序を捉えるものである。

価値判断の体系化は階層的秩序を捉える方向だけではなく、法則的秩序を捉える方向でも行われる。歯を剝き出しにして迫って来るイヌからうまく逃げることができて、もう安全だと判断する。滑りやすい階段をうまく下りきって、もう大丈夫だと判断する。伝染病に罹った人の側を離れて、もう安全だと判断する。このような諸々の個別的な価値判断から、それらを総合して、危険なものから逃れられれば、安全だという一般的な価値判断を導き出す。この価値判断は危険性と安全性のあいだの法則的な連関を捉えたものである。

また、試験に落ちたことは悲しいことだったが、少し時間が経って、もうそれは悲しいことではなくなったと判断する。かつて恋人に振られたことは悲しいことだったが、いまとなってはもう悲しいことではないと判断する。娘の死は途方もなく悲しいことだったが、それでも十分に時が過ぎて、もうそれは悲しいことではないと判断する。このような諸々の個別的な価値判断を総合して、どんな悲しいことであっても、時がすぎれば、いずれ悲しいことでなくなるという一般的な価値判断を形成する。この価値判断は、悲しいことだという価値的性質の時間的変化にかんする法則性を捉えている。

このように価値判断は体系化されることにより、世界の価値的なあり方の階層的秩序と法則的秩序を捉えていく。情動が世界の個別的な価値的あり方を捉えるのにたいし[*4]、価値判断は世界の一般的な価値的あり方を捉え、それを通じて世界の価値的秩序を捉える。この個別性と一般性の違いこそ、情動的な価値認識と判断的な価値認識の根本的な違いである。判断の能力は本質的に一般化と推論の能力であり、価値判断はその能力を活用して、情動に基づく個別的な価値判断を総合して一般的な価値判断を形成するとともに、個別的な価値判断と一般的な価値判断のあいだを推論で結んでいく。こうして価値判断の体系が形成される。それにたいして、情動は一般化と推論の能力を欠いており、それゆえ個別的な価値認識にとどまる。情動はたしかに一貫したパターンを形成し、そのパターンは世界の価値的秩序を反映するが、情動はそのパターンを推論的に形成するのではない。個々の情動がおおむね正しく対象の価値的性質を捉えるので、その結果として、情動のパターンが世界の価値的秩序を反映した一貫したものになるというだけのことである。

## 3　御しがたい情動

### 情動と価値判断の対立

キャシーは情動的には外見を非常に重要だと捉えるのにたいし、判断的にはそれをあまり重要ではないと捉える。価値判断が情動に基づいているにもかかわらず、そのような情動的評価と判断的評価の対立が生じるのはどうしてであろうか。いまやこの疑問にたいしてようやく答えを与えることができる。その鍵は、情動では個別的な価値認識しか可能でないのにたいし、価値判断では個別的な価値認識を超えて一般的・体系的な価値認識も可能であるという点にある。

キャシーは外見について一貫した情動を抱く。流行の服を着ると、至福の喜びを感じるし、慎ましやかな服を着ると、惨めに感じる。流行の最先端を行く人を見ると、羨ましさを感じるし、流行遅れの人を見ると、軽蔑感を抱く。功利主義者になっても、この情動の一貫したパターンは変わらない。しかし、キャシーは外見以外のことについては、功利主義者になるまえから、外見にかんする情動パターンとは必ずしも整合しない情動パターンを示していた。彼女は困っている人を見るたびに、かわいそうだと感じるし、そのような人がたくさんいるのに、暴飲暴食したり、高価な食事をしたりすることにたいしては、罪悪感を覚えていた。

しかし、このような外見以外のことにかんする情動に基づいてキャシーが形成する価値判断は、外見以外のことにとどまっていた。つまり、彼女はそこから外見にかんする価値判断を導き出すに至らなかった。たとえば、流行の服を着ることは贅沢だという判断や、流行遅れでもダサくないという判断を導き出すには至らなかった。それゆえ、外見にかんして彼女の情動と価値判断が対立することもなかった。

しかし、キャシーは功利主義的な考えに出会ってからは、それまで抱かなかった情動を抱くようになる。彼女はそれまではアフリカ難民の生活をほとんど知らなかったが、それを詳しく知るようになって、彼らに深い憐れみを感じるようになる。また、先進国が後進国の資源を利用して自分たちだけ利益を得ているのを知って、大きな怒りを感じるようになる。このような情動はキャシーが功利主義的な考えに出会ってはじめて抱くようになった情動であり、彼女が功利主義者になるうえでその原動力となった情動である。

じっさい、この新たな情動は、キャシーの価値判断の体系に大きな影響を与え、外見にかんする情動パターンと対立するような価値判断を生み出すことになる。キャシーはその新たな情動に基づいて、アフリカ難民は悲惨だとか、先進国は不正だとかといった価値判断を形成する。そしてこれらの価値判断から、流行の服を着るのは贅沢だとか、慎ましやかな服を着るのはけっしてダサくないといった価値判断を導き出してくる。これらは外見についてのキャシーの情動パターンと対立する。それゆえ、それらはそのような情動パターンに基づいてキャシーがそれまで形成していた外見についての価値判断と矛盾する。そこで、キャシーは自分の価値判断の体系を調整して、その矛盾の解消を迫られることになる。その調整の結果、彼女は外見にかんするそれまでの価値判断を捨て、功利主義的な考えに合致する新たな価値判断を形成するようになる。もちろん、調整の結果、外見にかんするそれまでの価値判断をあくまでも保持して、功利主義的な新たな価値判断を受け入れないということも生じうる。もしそうなれば、彼女は功利主義者にならなかっただろう。しかし、彼女は外見にかんするそれまでの価値判断を捨てて新たな価値判断を形成し、そうすることで確固たる功利主義者になったのである。

しかし、このようにキャシーが功利主義的な考えに出会って新たな情動を抱き、それに基づいて外見にかんする価値判断を変えても、外見にかんする彼女の情動は変わらないままである。彼女は相変わらず外見にこだわる情動を示し続ける。その情動が功利主義に出会ってからの新たな情動と対立していても、そのような対立を解消するために、その情動が改変されることはない。情動は価値判断とちがって、そのような相互調整を行わない。それはそのときどきの手がかりに基づいて個別的な価値認識を行うだけである。価値判断は個別的な価値認識を超えて一般的・体系的な価値認識を達成するために判断間の相互調整を行うが、情動はそうではない。キャシーが自分の価値判断の体系を調整することによって、外見にかんする価値判断を変えても、外見にかんする彼女の情動が変わらないのは、そのような根本的な違いが価値判断と情動のあいだにあるためである。こうして情動と価値判断の対立が生じるのである。

## 情動が真実を告げるとき

情動と価値判断が対立するとき、どちらが事物の価値的性質を正しく捉えているのだろうか。それは当然、価値判断のほうであろう。情動は事物の一面にのみ注目して形成される安直な価値認識であり、それゆえ迅速だが、精度はそれほど高くない。それにたいして、価値判断は他の諸々の価値判断と照らし合わせて、食い違いがないかどうかを確認し、食い違いがなければ、受け入れられ、食い違いがあれば、拒否される。あるいは、食い違いがあっても、他の価値判断のほうが改訂されれば、受け入れられる。このように価値判断は、他の価値判断との整合性が確立されてはじめて受け入れられる。したがって、価値判断はかなり精度が高い。

価値判断が情動より精度が高いことから、それらが対立した場合、おそらく価値判断のほうが情動より事物の価値的性質を正しく捉えているだろう。頑丈な檻に入れられたイヌに恐怖を感じつつも、そのイヌは安全だと判断するとき、その恐怖は誤っており、価値判断のほうが正しいだろう。恐怖はイヌが歯を剝き出しにして低く唸っているという面にのみ注意を向けており、頑丈な檻に入れられているという面を無視している。それにたいして、判断はその面も十分考慮している。そのうえ、そのようなイヌは安全だという判断は、頑丈な檻に入れられているオオカミは安全だという判断や、ライオンでさえ、頑丈な檻に入れられていれば安全だという判断と整合している。それゆえ、情動より判断のほうがおそらく正しい。

情動と価値判断が対立するとき、価値判断のほうが正しいことは、情動が多くの場合に価値判断に合わせて変化することからもうかがえる。情動は必ずしも価値判断に合わせて変化するとは限らないが、それでもそう変化することがよくある。夫の帰宅が遅いことに妻は腹を立てたが、重要な仕事のせいで遅くなったことを知ると、怒りが鎮まる。すぐには鎮まらなくても、そのうち鎮まる。妻の怒りは夫の帰宅の遅さを不当だと捉えるが、妻の価値判断は、重要な仕事のせいで遅くなったことを知ると、帰宅の遅さを正当だと捉えるようになる。この価値判断に合わせて、妻の怒りが鎮まるのである。このことは妻の価値判断が妻の怒りより正しいことを証拠立てていよう。

しかし、価値判断と食い違っていても、情動がどうしても変化しないこともある。飛行機は安全だと判断していても、どうしても飛行機に乗ることに恐怖を感じてしまう。安全だと判断しているからといって、安心感を抱くようにはならない。また、キャシーのように、一つの情動ではなく、一貫した情動パターンが価値判断の集まりと対立したまま、執拗に残り続けることもある。このように価値判断と対立したまま、執拗に残り続ける情動は、典型的に不合理な情動とみなされる。しかし、このような御しがたい情動が、じつは事物の価値的性質を正しく捉えているということはありえないのだろうか。

価値判断と情動が対立するとき、ふつう価値判断のほうが正しいであろう。しかし、価値判断に抗して執拗に存続する御しがたい情動のほうがじつは正しく、価値判断のほうが誤っているということも、けっしてありえないわけではない。マーク・トウェインの小説『ハックルベリー・フィンの冒険』のなかで、主人公のハックは黒人奴隷のジムが奴隷主から逃げるのを助けてやる。ハックは奴隷制を正しいと思っており、それゆえジムを奴隷主に返すべきだと思っているが、奴隷のジムに同情を禁じえない。つまり、ハックはジムを奴隷主に返すのが正しいという価値判断を行うが、情動的には、ジムを奴隷主から解放するのが正しいと捉えるのである。この情動はハックにとって、かれの価値判断に抗して執拗に存続する御しがたい情動である。しかし、この場合は、奴隷の悲惨な状態を何度も目にすることでしっかりとハックのうちに根付いた情動のほうが真実を告げているのではないだろうか。[*5]

価値判断は整合的な体系をなしている。それにもかかわらず、価値判断より情動のほうが正しい場合があるのは、多くの経験の積み重ねによって情動の感受性が研ぎ澄まされ、そのような研ぎ澄まされた感受性によって形成された情動が、ときに体系的な価値判断より事物の価値的性質を深く精密に捉えることができるからである。情動のほうが価値判断より正しい場合、情動は価値判断に再考を迫る（Helm 2001: 228）。価値判断は体系をなしているから、この再考はたんに一部の価値判断の見直しを迫るだけではなく、価値判断の体系の全面的な見直しを迫る。つまり、それは価値判断の体系の再編成を迫るのである。

ハックはジムへの同情から、そのような価値判断の体系の再編成を行って、奴隷制を間違っていると判断するには至らなかった。彼は奴隷制を正しいと判断したままであった。しかし、それでも、彼はジムへの同情によって、そのような再編成を行うように迫られてはいたのである。じっさい、御しがたい情動に合わせて価値判断の体系の再編成を行うのは、至難の業である。それは価値観の根本的な転換であり、新たな自己になることにほかならない。しかし、そのような根本的な転換がけっして起こりえないわけではない。御しがたい情動は、多くの場合誤っているとはいえ、ときにはそのような価値観の根本的な転換を引き起こすことによって、私たちの生を新たな高みへと導くのである。

## 注

＊1　本章で扱う情動と価値判断の関係は、心理学や行動経済学における「二重システム理論（＝二重処理理論）」と深い繋がりがある。二重システム理論では、心は二つの異なるシステムからなるとするが、そのうちのシステム1が情動に対応し、システム2が価値判断（ないし理性）に対応する。ただし、本書では、「はじめに」で述べたように、理性を基本的に情動の補佐と捉えるのにたいし、二重システム理論では、システム1と2を基本的に独立と捉える点で、かなり大きな違いがある。なお、二重システム理論について知るには、カーネマン2014がとくに興味深い。

＊2　ヘルムは情動が一貫したパターンを形成することを強調している（Helm 2010:309-14）。ただし、ヘルムは情動が世界の価値的なあり方をおおむね正しく捉えるがゆえに一貫したパタ

ーンを形成するという見方をとるのではなく、それぞれの人がその人なりの一定した価値観をもつがゆえにその人の情動が一貫したパターンを形成するという見方をとる。つまり、情動の一貫したパターンにかんして、客観主義的な見方ではなく、主観主義的な見方をとる。しかし、各人の価値観も世界の価値的なあり方に左右されるであろうから、結局、情動の一貫したパターンは世界の価値的なあり方に依存すると考えられる。それゆえ、ここでは情動の一貫したパターンにかんして客観主義的な見方をとることにしたい。

＊3　グリーンスパンは、情動が一面的でありながらなお合理的でありうるために、不合理な状態に陥っていない人においても、同一の対象にたいして矛盾した情動を抱くというアンビバレントな状態が生じうると論じている。この点については、Greenspan 1980 を参照。また、情動の適切性にかんするより全般的かつ詳細な考察については、Greenspan 1988 を参照。

＊4　万物流転をはかなむ場合のように、情動が世界の一般的な価値的あり方を捉えることもあるように思われるかもしれない。しかし、万物の流転をはかなむことは各個物の流転をはかなむことをその個別事例とするような一般的な価値認識ではなく、万物の流転を一個の全体として捉えてそれをはかなむ個別的な価値認識である。それは全体的ではあっても、一般的ではないのである。そうだとすれば、情動はやはり世界の個別的な価値的あり方を捉えるものであって、一般的なあり方を捉えるものではないと言えよう。

＊5　ハックの例にそくして価値判断より情動のほうが正しい場合があることを支持する議論が、幾人かの論者によってなされている。そこでは、そもそも情動の合理性と価値判断の合理性について詳細な検討がなされている。Tappolet 2003, Döring 2013, 信原 2015 を参照。

# 第Ⅱ部　道徳と情動

# 第4章　悲劇的ディレンマ

敵の兵士たちがとうとう村に侵入してきた。私は他の村人たちと一緒に、ある家の地下に隠れていた。すると、赤ちゃんが大声で泣き出した。このままでは、敵兵に気づかれて、私たちは全員殺されてしまう。しかし、赤ちゃんの口をふさいで泣き声が漏れないようにすると、赤ちゃんが窒息して死んでしまう。いったいどうすればよいのだろうか。

これは「泣く赤子のディレンマ」としてよく知られたディレンマである。*1 私たちはときにこのような悲惨な道徳的ディレンマに陥ることがある。xとyのどちらかを行うしかないが、どちらを行っても、悲惨な結果が生じる。それでも、どちらかを行うしかない。泣く赤子の例では、赤子の口をふさげば、私たちは助かるが、赤子が死ぬ。しかし、赤子の口をふさがなければ、私たちは全員殺される。赤子も含めて、全員が殺されるのだ。

いったいどうすればよいのか。赤子の口をふさぐべきか、それともふさがずにそのままにしておくべきか。どちらにせよ、悲惨な結果が待っている。しかし、どちらをなすべきかと言えば、その答えはおそらく明らかであろう。すなわち、赤子の口をふさぐべきである。そうすれば、たしかに赤子が死ぬが、残りの者は全員助かる。赤子の口をふさがなければ、全員が死ぬ。赤子も死ぬのだ。したがって、赤子の口をふさぐほうがそうしないより明らかに良い結果がもたらされる。どちらの結果も悲惨だが、それでも赤子の口をふさぐほうがまだましだ。そうだとすれば、赤子の口をふさぐことにするのが正しい選択であり、そうしないのは誤っている。*2

たしかにそうであろう。この場合、赤子の口をふさぐほうがそうしないより良い選択肢であろう。しかし、そうであるからといって、赤子の口をふさいで窒息死させることに、私たちは平然としていられるであろうか。皆殺しを避けるためとはいえ、何の罪もない赤子を死なせたのである。激しい罪悪感や強い後悔の念を抱くのは、当然であろう。もしそのような情動を抱かずに、平然としていられる人がいたとすれば、私たちはその人に何か不気味なもの、異様なものを感じざるをえないだろう。

しかし、なぜ私たちは罪悪感や後悔の念を抱かなければならないのだろうか。結局のところ、この悲劇的な状況では、赤子の口をふさぐ以外になかったのである。そうするほうがそうしないより正しかったのだ。そうである以上、赤子を死なせたからといって罪悪感や後悔の念を抱く必要はないのではないだろうか。もし赤子の口をふさがずに皆殺しになったとすれば、そのときは、罪悪感や後悔の念を抱くべきであろう。なにしろ正しい行為をせずに、誤った行為をしてしまったのだから、当然そのような情動を抱くべきだ。しかし、正しい行為を選択し、それを実行したのであれば、なぜ罪悪感や後悔の念を抱く必要があるのだろうか。そのような情動を私たちがおのずと抱いてしまうとはいえ、それらはじつは不適切な情動ではないだろうか。

悲劇的ディレンマにおいては、どのような情動を抱くのが適切であろうか（つまり状況の価値的なあり方を正しく捉えているのだろうか）。私たちは悲劇的ディレンマにおいて、激しい罪悪感や強い後悔の念をふつう抱くであろうが、そのような情動は本当に適切であろうか。それらが適切でないとすれば、どのような情動が適切なのだろうか。本章では、悲劇的ディレンマにおける適切な情動とは何かを考察していきたい。

## 1　正しい行為

### 行為決定の正しさ

悲劇的ディレンマにおいてどのような情動が適切かを考察するためには、そこでなされる行為がどのような意味で正しいのか（あるいは間違っているのか）について、正確に理解しておくことが重要である。そしてそのような理解を得るためには、ハーストハウスの強調する微妙な区別、すなわち「行為決定の正しさ」と「行為の正しさ」の区別を正確に把握しておく必要がある（Hursthouse 1999: 46-7、邦訳：70-1）。

行為xのほうが行為yより良ければ、当然、yではなく、xを行うべきである。つまり、yではなく、xをしようというのが正しい決定である。たとえば、ダイエットをするほうがケーキを食べるより良ければ、眼のまえにケーキがあっても、ケーキを食べないようにすべきであり、食べないようにするのが正しい決定である。

悲劇的ディレンマにおいても、そうである。悲劇的ディレンマでは、可能な二つの行為のうち、いずれを行っても悲惨な結果が起こる。しかし、それでも、一方が他方よりも良いということはありうる。つまり、悪いながらも、よりまし、ということがありうる。そのような場合、よりましなほうを行うべきであり、それを行うことにするのが正しい決定である。したがって、泣く赤子のディレンマでは、赤子の口をふさぐほうがそうしないよりましであるから、赤子の口をふさぐべきであり、ふさぐことにするというのが正しい決定である。

このように、xがyより相対的に良ければ、xを行うことにするのが正しい決定であり、yを行うことにするのは間違った決定である。しかし、xを行うことにするというのが正しい決定だとしても、だからといって、xは正しい行為だと言えるだろうか。赤子の口をふさぐことにするのが正しい決定だとしても、赤子の口をふさぐことははたして正しい行為なのだろうか。それはたしかに赤子の口をふさがないことよりは正しいが、それ自体として正しい行為であろうか。行為の正しさは行為決定の正しさとは別の問題であるように思われる。ハーストハウスはこのように行為の正しさと行為決定の正しさを区別する。

## 正しい行為

では、行為の正しさとは何であろうか。ハーストハウスによれば、道徳的に正しい行為というのは、非難よりも賞賛に値する行為であり、行為者自身が不幸よりも誇りを感じるような行為である（Hursthouse 1999: 46、邦訳：70）。赤子の口をふさぐことは、それによって赤子以外の全員が助かるとしても、けっして賞賛に値する行為ではなく、口をふさいだ者が誇りを感じるような行為ではない。それはむしろ、非難に値する行為であり（じっさいには誰もその行為を非難できないとしても）[*3]、行為者が不幸を感じるような行為である。そうである以上、それは正しい行為ではない。

しかし、泣く赤子のディレンマにおいて、赤子の口をふさぐことにするというのは、正しい決定であった。与えられた選択肢は、赤子の口をふさぐか、ふさがないかの二つだけである。そうである以上、ふさぐというのが正しい決定である。しかし、そうだとしても、ふさぐことが正しい行為だということにはならない。それはあくまでも正しくない行為である。しかしもちろん、ふさがないことも正しい行為ではない。では、いったいこの状況において、何が正しい行為なのであろうか。可能な行為は二つしかない。赤子の口をふさぐか、ふさがないかだけである。そしてそのいずれもが正しい行為ではない。そうだとすれば、ここには正しい行為が存在しないということになるのだろうか。そのとおり、とハーストハウスは言う。彼女によれば、悲劇的ディレンマにおいては、正しい行為は存在しないのである(Hursthouse 1999: 78、邦訳：121)。正しい行為決定はありえても、正しい行為は存在しない。だからこそ、まさに悲劇的なディレンマなのである。

## 帳消し不可能性

悲劇的ディレンマにおいては、正しい行為は存在しないというハーストハウスの見方にたいして、いや、そんなことはない、という異論が起こるかもしれない。泣く赤子のディレンマにおいては、赤子の口をふさぐことは、たしかに赤子を死なせることになるが、その代わり多くの人たちの命を救うことになる。一人の赤子の命と引き換えに多くの人の命が救われる。そうだとすれば、赤子の死という悪は多くの人の救済という善と相殺されて、全体としては、大きな善が残るのではないか。赤子の口をふさぐことには、たしかに悪が含まれるが、大きな善も含まれる。悪は善によって帳消しにされ、差し引きすれば、結局、善が残るのではないか。そうだとすれば、赤子の口をふさぐことは、悪を含むとはいえ、全体として善であり、それゆえ正しい行為だと評価すべきではないだろうか。

どんな場合にも、必ず何らかの正しい行為があるはずだと考える人たちにとっては、このような考えは非常に受け入れやすいだろう。しかし、悪が善によって帳消しにされるというのは本当だろうか。赤子の口をふさぐことで赤子が死ぬという悪よりも、そうすることで多くの人が救われるという善のほうが大きいとしても、それによって赤子の死という悪が消えてなくなるわけではない。赤子の口をふさいだ人は、赤子を死なせたことにたいして大きな悲しみを抱くだろう。赤子を死なせたことの悪が多くの人を救ったことの善によって帳消しにされるので、赤子を死なせたことを悲しまないということはないだろう。ましてや、赤子の口をふさぐことは、差し引きすれば、結局、善が残るので、それを喜ぶというようなことはないだろう。あくまでも、赤子を死なせたことにたいして強い悲しみを抱くだろう。それは、悪が善によって帳消しにされず、あくまで悪として残るからである。

たしかに、場合によっては、悪が善によって帳消しにされることもありうる。ある人に余命いくばくもないという真実を医師が告げたところ、その人はおおいに苦しんだが、それでもその真実を知ることによって、残りの人生を十分有意義に過ごすことできた。そして結局は、真実を知らせてもらってよかったと思うようになった。そうだとすれば、真実を知らせることによる悪はそれによる善によって帳消しにされ、差し引きすると、結局、善が残ったと言ってよいであろう。つまり、真実を知らせたことは、喜んでよいことだったのである。そしてそうだとすれば、真実を知らせたことは正しい行為だったと言ってよいであろう。

しかし、悲劇的ディレンマの場合は、そうではない。そこでは、悪が善によって帳消しにされることがない。どんな大きな善があろうとも、そこでの悪はけっして消えない絶対的な悪である。それゆえ悲しまざるをえない。悲劇的ディレンマにおいて、私たちはまさに悲しむべきであり、けっして善によって悪を帳消しにして喜ぶべきではない。じっさい、そのようなことはできないし、またすべきではない。悲劇的ディレンマにおいては、善による悪の帳消しが不可能であるがゆえに、正しい行為がありえないのである。

## 2 後悔と罪悪感

### 後悔の不適切さ

悲劇的ディレンマにおいては、正しい行為決定が存在しても、正しい行為は存在しない。そうだとすれば、そのような状況において、正しい決定を行い、その決定に従って行為した人は、どのような情動を抱くべきであろうか。そのような人は自分が行ったことにたいして強い後悔の念を抱くかもしれない。しかし、後悔は適切な情動であろうか。それはこの状況の価値的なあり方を正しく捉えているのだろうか。

ハーストハウスは、悲劇的ディレンマにおいて、行為者が後悔の念を抱くのは適切でないと論じる（Hursthouse 1999: 76-7、邦訳：118-9）。xのほうがyよりも良いので、xをすることにした行為者がxを行ったことにたいして後悔するということは、xをしなければよかったと思うことであり、それはつまりyをすべきであったと思うことである。というのも、その状況で可能な行為はxとyだけであり、xをしないということはyをするということにほかならないからである。しかし、xのほうがyよりも良かったのであり、だからこそ、xをすることにしたのである。そうであるにもかかわらず、yをすべきであったと思うのは、まったくの誤りである。したがって、xを行ったことを後悔するというのは不適切なのである。

後悔が不適切だというのは、まったくそのとおりであろう。泣く赤子のディレンマにおいて、赤子の口をふさいだことを後悔するのは、たしかに不適切である。口をふさいで赤子を死なせたことはたしかに悪いことであるが、だからといって、口をふさがないほうがよかったということにはならない。口をふさがなければ、赤子も含めて全員が殺される。そうである以上、口をふさがないより、ふさぐほうがよいのである。したがって、口をふさいだことを後悔するのは不適切である。たとえそのような状況で私たちがしばしば後悔の念を抱くとしても、それはその状況の価値的なあり方を正しく捉えておらず、それゆえ私たちは後悔すべきではないのである。

## 罪悪感は不適切か

では、罪悪感はどうであろうか。悲劇的ディレンマにおいて、行為者は相対的に良い行為を行ったとしても、おそらく激しい罪悪感を抱くだろう。それはこの状況の価値的なあり方を正しく捉えた情動であり、それゆえ適切であろうか。

ハーストハウスは、罪悪感も適切ではないと主張する（Hursthouse 1999: 76、邦訳：117-8）。xとyがどれほど酷い行為であれ、そのどちらかをなすしかなく、しかもxのほうがyよりもましだとすれば、行為者はxを行わざるをえないし、そうすることには確固たる正当な理由がある。したがって、彼には罪がない（自分のせいでこの悲劇的な状況が生じたというのでないかぎり）。そうである以上、xを行ったことにたいして罪悪感を抱くのは不適切である。罪悪感はあくまでも自分に罪のある行為にたいして抱かれるべきものである。

もちろん、xではなく、yを行ってしまったとしたら、行為者は罪悪感を抱くべきであろう。xよりもyのほうが悪いのだから、yを行うことには正当な理由はないし、それゆえy

を行うことは罪である。したがって、行為者がyを行ったことにたいして罪悪感を抱くのは適切である。ちなみに、yを行ってしまったときには、後悔の念を抱くことも適切である。xのほうがyよりも良い以上、yではなく、xを行うべきであった。そうである以上、yをしたことを後悔することは、この状況の価値的なあり方を正しく反映している。xではなく、yを行ってしまったときには、後悔も罪悪感も適切なのである。

しかし、xを行ったときには、後悔も罪悪感もともに不適切である、とハーストハウスは主張する。では、悲劇的ディレンマにおいては、どんな情動を抱くのが適切であろうか。この不条理な状況に相応しい情動とは何であろうか。それは悲しみだ、とハーストハウスは言う（Hursthouse 1999: 77、邦訳：119）。xを行った行為者は、xという酷い行為を行ってしまったことにたいして深い悲しみを抱き、その悲しみに付きまとわれる。そしてそれによって人生が損なわれ、ときには破壊されさえする。しかし、悲劇的ディレンマに遭遇するというのは、まさにそういうことなのである。他に道がなかったとはいえ、xという酷い行為をしてしまい、その結果、大切なものが失われた。そうである以上、その状況の価値的なあり方を正しく反映するのは、悲しみという情動である。悲劇的ディレンマにおいて抱くべき情動は、大切なものの喪失にたいするけっして癒えない悲しみなのである。

たしかにそうであろう。悲しみは悲劇的ディレンマにおいて抱くべき適切な情動であろう。

しかし、ここで一つ疑問が湧く。罪悪感のほうは本当に不適切なのだろうか。ハーストハウスは、悲しみは適切だが、罪悪感は不適切だと言う。しかし、行為者はたとえxを行うしかなかったとしても、xという酷い行為を意図的に行ったのだから、悲しみを抱くことだけではなく、罪悪感を抱くことも、適切ではないだろうか。たしかにこのような悲劇的な状況においては、xを行うことが罪にならないとすれば、罪悪感は不適切であろうが、それは本当に罪ではないのだろうか。たとえxを行わざるをえなかったとしても、xが酷い行為であり、それを意図的に行ってしまった以上、行為者はxを行ったことにたいして罪があるのではないだろうか。そうだとすれば、悲しみだけではなく、罪悪感を抱くことも適切だということになる。悲劇的ディレンマにおいて罪悪感を抱くことが適切かどうかという問題については、節を改めて、もう少し掘り下げて考察することにしたい。

## 3　悲しみと罪悪感

### 悲しみの不十分さ

赤子の口をふさぐことによって、残りの全員が助かったとしても、それはとても喜べるような状況ではない。なにしろ赤子が死ぬのだ。他の者が全員助かったとしても、赤子の死に深い悲しみを感じるのは当然であろう。しかし、悲しみだけで十分であろうか。

私たちは自分の身に降りかかった自然の災害にたいしても深い悲しみを抱く。地震で家が倒壊してしまった。長年、一所懸命働いて、やっと建てた家だ。ようやくここで家族が幸せに暮らせるようになった。その家が一瞬にして崩壊してしまった。もう一度建て直すことなど、私の稼ぎでは、とうていできそうもない。私は家族とともにただひたすら悲しみに暮れる。自然の災害にたいしてこのような悲しみを抱くのは、まったく適切であろう。なにしろとても大切なものが失われたのだから、まさに悲しむべきである。しかし、罪悪感を抱くのは、もちろん不適切であろう。地震で家が壊れたからといって、私は何か悪いことをしたわけではない。家を建てるときに、お金を惜しんで安普請の家を建てたわけではない。きちんと耐震基準を満たした家を建てたのだ。それでも想定外の大きな地震が起こり、運悪く家は倒壊してしまったのだ。私に何の落ち度もない。それゆえ、罪悪感を抱くのは不適切である。

悲劇的ディレンマの状況をこのような自然災害の状況と同様のものとして捉えることができるだろうか。それができるとすれば、悲劇的ディレンマにおいて罪悪感を抱くのはたしかに不適切であろう。しかし、それらを同様のものと捉えることはできないように思われる。悲劇的ディレンマは自然災害と重要な点で異なる。自然災害においては、悲惨な結果をもたらしたのは、人間ではなく、自然である。私の家を倒壊させ、家族の幸せを奪ったのは、私ではなく、また他の誰でもなく、地震である。したがって、ここには行為者がおらず、それゆえ行為者による意図的行為も存在しない。しかし、悲劇的ディレンマにおいては、悲惨な結果をもたらした行為者がおり、その行為者による意図的行為がある。赤子の口をふさいだのはそこにいた人であり、その人が赤子の口をふさぐという行為を意図的に行ったのである。あるいは、直接口をふさいだ人だけではなく、それを止めなかった他の人たちも、その行為に加担したと言えるだろうから、そこにいた人たちが全員で共同して、赤子の口をふさぐという意図的行為を行ったのである。

自然災害においては、誰かの意図的行為によって悲惨な結果が生じたわけではないのにたいして、悲劇的ディレンマにおいては、ある人の意図的行為によって悲惨な結果が生じている。これは非常に重要な違いであり、状況の価値的なあり方に大きな差異をもたらしている。そうだとすれば、自然災害において罪悪感を抱くのが適切ではないとしても、悲劇的ディレンマにおいて罪悪感を抱くのは適切ではないだろうか。たしかに悲劇的ディレンマにおいて、行為者は悲惨な結果をもたらすような行為しか行うことができなかった。したがって、悲惨な結果が起こらないようにすることは行為者には不可能であり、その点では、自然災害の場合と同様である。しかしそれでも、悲劇的ディレンマにおいては、そのどうしようもない悲惨な結果を行為者が意図的に引き起こしたのである。赤子の口をふさぐしかなかったとはいえ、意図的にふさいだのであり、それゆえ意図的に赤子を死なせたのである。そうである以上、行為者には罪があり、それゆえ罪悪感を抱くのは適切だと言わざるをえないであろう。罪悪感はここでの状況の価値的なあり方を正しく捉えているのである。

## サバイバーズ・ギルト

自然災害において罪悪感を抱くことは不適切だと思われるが、それでも人はしばしば罪悪感を抱く。津波で多くの人が亡くなった。しかし、私は運よく助かった。本当にただ運が良かっただけだ。私が死んで、他の人が助かることだって、十分ありえたはずだ。それなのに、私が助かって、他の人たちが亡くなった。私が助かるより、他の人が助かったほうがよかったのではないか。私なんかが助かって、本当に申し訳ない。こうして自分が助かって他の人たちが亡くなったことに強い罪悪感を抱く。

このような罪悪感はサバイバーズ・ギルトとよばれる。それは、自然災害や戦争において生き残った人たちが、自分が生き残って他の多くの人たちが亡くなったことにたいして抱く罪悪感である。このような罪悪感は非常にしばしば生じるが、それでもそれは不適切な情動なのであろうか。自然災害や戦争において生き残った人たちは、サバイバーズ・ギルトを抱くべきではないのであろうか。おのずとそれを抱いてしまうとはいえ、それはその状況の価値的なあり方を正しく反映した情動ではないのだろうか。

サバイバーズ・ギルトも罪悪感である以上、それが適切かどうかは、それを抱く人が何らかの罪を犯したかどうかによる。しかし、サバイバーズ・ギルトが抱かれる状況では、それを抱く人は明らかに何の罪も犯していない。津波で多くの人が亡くなって、自分は助かったとしても、それはけっして私の罪ではない。それは私が引き起こしたことではないから、私の罪になりようがない。それは地震で家が倒壊したのと同じである。悲惨な結果をもたらしたのは自然であって、人間ではない。したがって、サバイバーズ・ギルトを抱くのは不適切である。生き残った人はいかなる罪も犯していないのだから、罪悪感を抱くべきではない。

もちろん、人間のもつ情動能力や思考能力からすれば、サバイバーズ・ギルトを抱くのは、ごく自然だと言えよう。津波で多くの人が死んだ。そのことに強い悲しみを抱く。それは適切だ。なにしろ大切なものが失われたのだから。しかし、その悲しみが強ければ強いほど、なぜそんな悲惨なことが起こったのかと問わずにはいられない。いくら原因を問うても、自然の災害なのだから、誰かが悪いということにはならない。誰のせいでもなく、たまたま起こったにすぎない。しかし、そのような悲惨なことがたまたま起こったという考えに私たちは耐えられない。誰かが悪いことをしたのであり、その悪い奴を罰するのでないかぎり、気持ちが治まらない。しかし、誰のせいにもできない。そこで、自分が悪いのだという考えが生まれてくる。[*4] 自分がしっかりしていないから、あんなことが起こってしまったのだ。自分がもっとしっかりしていれば、あんなことにはならなかったはずだ。こうして罪悪感が生まれてくる（そして後悔も生じてくる）。

しかし、このようにして罪悪感が生じてくることが、人間の心理からしてどれほど自然であろうとも、それはやはり不適切な情動である。自然災害においては、私はあくまでも悪いことをしていないのであり、それゆえ罪悪感を抱くべきではないのである。

それにたいして、悲劇的ディレンマでは、よりましな結果だとはいえ、行為者が悪い結果を引き起こしている。そのような悪い結果を引き起こすしかなかったのだとしても、それを意図的に引き起こしている。それゆえ、行為者は罪悪感を抱くべきであり、じっさい罪悪感を抱くだろう。悲劇的ディレンマにおいては、罪悪感はその状況の価値的なあり方を正しく反映した情動であり、それゆえ適切なのである。

## 4　意図的行為の可能性

### やむをえない行為

悲劇的ディレンマにおいて、行為者は意図的に悪いことを行ったのであり、それゆえ罪悪感を抱くのは適切だという考えにたいして、本当に行為者は意図的に行為したと言えるのだろうかという反論が提起されるかもしれない。赤子の口をふさぐことはやむをえなかったのだ。そうしなければ、もっと酷いことになる。だから、赤子の口をふさぐしかなかった。ここには実質的に他の選択肢がない。一見、赤子の口をふさがないという選択肢があるようにみえても、それは明らかにもっと酷い結果をもたらすから、結局のところ、その選択肢はないに等しい。つまり、ここでは、複数の選択肢があって、そのなかから自由に選べるというわけではないのだ。選択肢は実質的には一つであり、選択の自由はないのである。そうだとすれば、そのようななかで行われた行為は意図的とは言えないだろう。意図的行為は自由な選択によって行われる行為であるはずだ。[*5]

たしかに、この反論が指摘するように、悲劇的ディレンマにおいては、選択の余地がないようにみえる。そこでなされる行為は、そうする以外にどうしようもなかったものである。しかし、そうであるからといって、選択の自由がなかったということにはやはりならないように思われる。そこでは、赤子の口をふさぐか、あるいはふさがないかという二つの選択肢があり、そのなかで自由に選択が行われたのではないだろうか。たしかに赤子の口をふさぐべき理由と、ふさがないでおくべき理由を比較考量すれば、ふさぐべき理由のほうが明らかに大きく、理由の観点からすれば、口をふさぐという選択をするしかない。しかし、だからといって、そのような理由にもとづく選択が自由な選択でなくなるというわけではない。むしろ、それは自由な選択の典型的なケースである。自由な選択とは、なによりもまず、複数の選択肢を理由の観点から比較考量して、理由の観点からもっとも良い選択肢を選ぶような選択であるはずだ。

もちろん、理由の観点からもっとも良い選択肢を敢えて避けて、そうでない選択肢を選ぶことも、自由な選択である。理由の観点からは赤子の口をふさぐほうがよいことがわかっていても、それでもあえて赤子の口をふさがないほうを選ぶことも、自由な選択である。たしかに理由は、本来、私たちがそれに従うべきものであるが、法則と違って、それに従わない自由も私たちにはある。私たちは、法則には従うしかないが、理由には従うことも、従わないこともできる。そのような自由の能力を私たちはもっている。私たちは、通常は、合理性（つまり理由に適うこと）を重んじて、理由に従うが、敢えてそうしないこともできる。理由に従って選択する場合も、理由に従わないで選択する場合も、それが自由の能力に基づいて行われるなら、まさに自由な選択がなされているのである。

悲劇的ディレンマにおいても、自由な選択が行われている。そこには、二つの選択肢があり、それらが理由の観点から比較考量され、理由に従って選択がなされている。理由の観点から比較考量すると、一方の選択肢が他方より良く、それゆえ理由の観点からはその良いほうを選択せざるをえないが、それはまさに自由な選択なのである。理由による選択の必然性はけっして選択の自由を妨げるのではなく、むしろ選択の自由のまさに典型的なあり方なのである。

しかし、そうだとすれば、なぜ悲劇的ディレンマにおける行為は、やむをえない行為として感じられるのだろうか。理由に従って選択される行為は、可能な選択肢のなかでもっとも理に適った行為であるから、ふつうやむをえないと感じられることはないだろう。むしろそれは、進んで積極的になされるだろう。しかし悲劇的ディレンマでは、より理に適った行為でさえ、進んでなされることはなく、やむをえずなされる。赤子の口をふさぐことは、そうしないことより理に適っているが、それでも仕方なくなされる。しかし、それはそこに選択の自由がないからではない。選択の自由はあるものの、どちらの選択肢も途方もなく悪いものであり、そのなかから選択を行わざるをえないからである。より理に適ったほうでさえ、途方もなく悪い。だから、やむをえない行為とならざるをえないのである。しかし、そうではあるものの、それはあくまでも理由に従って自由に選択された行為であり、それゆえ意図的な行為なのである。

## ソフィーの選択

悲劇的ディレンマにおいても、理由に従って自由に行為の選択が行われる以上、その行為は意図的である。しかし、悲劇的ディレンマのなかには、理由の観点からは、どちらの選択肢を選ぶのがよいのかが決定しないものもある。二つの選択肢をそれぞれ支持する理由が互いに完全に拮抗していて、一方が他方より勝っているとは言えない。それゆえ、理由の観点からは、選択が不可能である。[*6] それでも、ともかく一方を選んで行為するということはありうる。しかし、そのような行為ははたして意図的であろうか。それはもはや意図的ではありえないのではなかろうか。

ウィリアム・スタイロンの小説『ソフィーの選択』のなかで、幼い息子と娘とともにナチスによってアウシュビッツに送り込まれたソフィーは、ガス室行きかどうかの選別を行う親衛隊軍医から、恐るべき選択の「特権」を与えられる。二人の子供のうち、一人は助けてやるから、どちらを助けるかを選べ、というのだ。選べない、とソフィーが泣き叫ぶと、選ばなければ、二人ともガス室に送るぞ、と軍医は選択を迫る。それでも、選べない、とソフィーが言うと、軍医は、二人ともあっちへやれ、と部下に命じる。そのとき、ソフィーはとっさに娘を投げ出して、この子を連れていって、と叫ぶ。こうしてソフィーは、娘を犠牲にして、息子を助けるのである（スタイロン 1991 下巻：435-7)。

息子と娘のどちらを助けるか。おそらく理由の観点から、どちらを助けるのが良いかを決定することはできないだろう。息子も、娘も、ソフィーにとってかけがえのない存在である。一方を助けるほうが他方を助けるよりも良いと言えるような理由はありえないだろう。そうであるからこそ、ソフィーは選べないと叫ぶのである。たしかに、ソフィーは結局、息子を助けるほうを選んだ。しかし、それは選択と言えるようなものだろうか。ソフィーは、その場の切羽詰まった状況にとっさに反応しただけであって、選択したとは言えないのではないか。選択しようにも、ソフィーには選択のしようがないのだ。

たしかにこの状況では、理由の観点から選択を行うことは不可能であろう。じっさい、ソフィーはそのような観点から選択したわけではない。しかしそれでも、ソフィーは選択を行ったのであり、それゆえ彼女の行為は意図的だったのではないだろうか。さきに見たように、泣く赤子のディレンマにおいて、赤子の口をふさぐほうが口をふさがないことよりも良いという理由があるにもかかわらず、その理由に抗して、敢えて口をふさがないという選択を行うのも、自由な選択である。そうだとすれば、理由の観点からどちらの選択肢のほうが良いかを決定できないときにも、敢えてどちらかを選ぶというのは、自由な選択だと言えるだろう。それはたしかに理由なき選択であり、その意味で選びようのない選択である。しかし、それでもたんなる反応ではなく、自由になされた選択なのである。

ソフィーの選択は理由なき選択であったが、それでも自由な選択であった。だからこそ、ソフィーは正気を保てないほど、激しい罪悪感と苦悩に苛まれることになったのである。自分で選択したのではなく、親衛隊軍医が選択を行ったのだとすれば、ソフィーは娘を失っても、そこまで激しい罪悪感と苦悩に苛まれることはなかっただろう。しかし、ソフィーは選択したのである。選択せずに、その場で錯乱状態に陥ってしまったほうがまだましだったかもしれないが、そうならずに、ソフィーは選択した。そして軍医はまさにソフィーに選択を強いたのである。それはソフィーをこれ以上ない不条理に陥れ、極限の苦痛を味わわせるためだった。そこでは、選択するということがまさに不条理の極みであり、それゆえにこそ、軍医はソフィーに選択の「特権」を与えたのである。

以上のように、理由の観点からどちらがよいのか決定できないような悲劇的ディレンマにおいても、自由な選択がなされており、それゆえそこでの行為は意図的である。悲劇的ディレンマには、理由の観点からどちらが良いのかを決定できる場合と、そうでない場合があるが、いずれの場合も、そこでは自由な選択がなされており、したがって意図的な行為が行われている。どれほど耐え難い選択であり、どれほどやむをえない行為だとしても、自由な選択による意図的な行為がなされている。したがって、悲劇的ディレンマにおいては、けっして帳消しにすることのできない悪が意図的になされているのである。そうである以上、悲しみだけではなく、罪悪感もまた、その状況における適切な情動だと言わざるをえない。それはその状況の価値的なあり方を正しく反映しているのである。

## 注

＊1　このほかにも、道徳的ディレンマとしては、トロッコ問題（Foot 1967）が有名である。道徳的ディレンマには、二つの選択肢のあいだの葛藤が大きいものと、そうでないものがあるが、泣く赤子のディレンマは葛藤の大きいタイプに属する。道徳の脳科学では、葛藤の大きいタイプの道徳的ディレンマにおいて選択を行うときと、小さいタイプで選択を行うときとでは、関与する脳部位に重要な違いがあることが明らかにされている（Greene et al. 2004, Koenigs et al. 2007）。また、道徳の脳科学では、一般に道徳的判断に情動が関与することが明らかにされているが、その紹介としては、信原 2012 を参照。

＊2　むろん、これには異論もありえよう。赤子の口をふさぐことは自分たちの手で人を殺すことであるが、赤子の口をふさがないことは、たとえそれによって全員が殺されるとしても、自分たちの手で人を殺すことではない。問題はどれだけの人が死ぬかではなく、人を殺すかどうかである。そうである以上、赤子の口をふさぐことより、ふさがないことのほうがよい。このような異論もありうるが、ここでは、本文で述べたような理由で、赤子の口をふさぐほ

うがよいとして、話を進めることにする。

＊3　道徳的に悪いことをした人はその人が属する共同体から非難を受ける責任があるが、このような非難責任について、フィッシャーらは非難を行う資格のある人が現実にいる場合の「現実的な非難責任」とそうでない場合の「原理的な非難責任」を区別している（Fischer and Tognazzini 2011）。

＊4　ゴルディはこのようなフィクション化が起こることを物語の終結という観点から考察している（Goldie 2012: 166-8）。この点については、第9章第4節も参照。

＊5　自由な行為には、じっさいに行ったのとは別の行為を行うこともできたという「他行為可能性」がなければならないという考えにたいしては、他行為可能性がなくても、道徳的責任はありうるというフランクファートの有名な議論があるが（Frankfurt 1969）、通常の状況ではやはり自由な行為には他行為可能性が必要とされると思われる。

＊6　ハーストハウスは、二つの選択肢のあいだで道徳的選択を迫られながら、どちらかを優先する道徳的根拠がないようなディレンマを「解決不可能なディレンマ」とよび、そのようなディレンマの存在を否定する論者たちにたいして、その存在を擁護する議論を展開している（Hursthouse 1999: 63-8、邦訳：98-104）。

# 第5章　道徳的修復

悪をなした者は、それを認め、謝罪し、罰に服することで、被害者やその関係者から赦しを得る。こうして、悪によって損なわれた道徳的関係が修復され、ふたたび元の道徳的な交わりが成立するようになる。しかし、加害者がどんな償いをしようとも、被害者がけっして赦すことができないような途方もない悪もまた存在するのではないだろうか。このような悪のまえでは、道徳的修復は不可能であるように思える。

ヴィーゼンタールの小説『ひまわり』[*1]には、死の床で赦しを請う若きナチスの親衛隊員カールの姿が描かれている。まだ二一歳のカールは、死ぬまえに、どうしても自分の話をユダヤ人に聞いてほしいと懇願する。その願いに応じて、ユダヤ人強制収容所の囚人の一人であったヴィーゼンタールが看護師に導かれてカールのもとへ連れて来られた。カールはヴィーゼンタールの手を摑んだまま、彼にたいして、自分が親衛隊員としてユダヤ人にどれほど多くの残虐非道な行いをしたかを連綿と告白した。とくに、ポーランドのある都市で、多くのユダヤ人を駆り集めて、一軒の家に押しこみ、火を放って殺害したこと、そして家が崩落する寸前に、若い夫婦とその幼い息子が追い詰められて三階の窓から飛び降りたことを生々しく語り、そのときの男の子の「黒い髪と黒い瞳」が頭から離れないと語った。

カールは自分の罪をヴィーゼンタールに告白して、赦しを請うた。彼に赦しを請うことは、彼の手に余ることかもしれないが、それでも答えを得ることができなければ、自分は安らかに死ねないと言って、赦しを請うた。しかし、ヴィーゼンタールは、カールの話を聞き終えると、何も言わずに部屋を立ち去った。そして、その後ずっと、それでよかったかと苦しみ続けることになる。

人間が行う悪のなかには、けっして赦すことができないものがあるように思われる。どんな残虐非道な悪であれ、真摯に反省し、誠実に償い続ければ、いつかは赦される、というようなものではない。いかなる反省も、いかなる償いも、結局は赦しに届かないような悪がある。カールは何の罪もない人たちを、ただユダヤ人というだけで、無残に殺害した。彼がまだ若い青年であるにせよ、また、ナチスに洗脳されていたにせよ、彼が行ったことはけっして赦すことができない悪ではないだろうか。

ここで、赦すことができないというのは、たんに心理的にできないということではない。もう赦してやるべきだと思っても、どうしても怒りや憎しみがこみ上げてきて、赦せない、ということはある。しかし、そうではなく、そもそも絶対に赦してはならない、ということである。ヴィーゼンタールはカールの話を聞いて、彼を憐れに思い、彼を赦したくなったかもしれない。しかし、カールが行ったことは、たとえどれほど赦したくても、けっして赦してはならないことだ。それを赦してしまうのは、むしろ道徳的に間違っている。人間が行う悪のなかには、赦すことが誤りであり、その意味で、赦すことができないものがあるように思われる。

しかし、本当にそうだろうか。赦すことが道徳的に誤りであるような悪が本当にあるのだろうか。そうではなく、むしろ、どんな残虐非道な悪であれ、最終的には赦さなければならないのではないだろうか。悪をなした者が真摯に反省し、誠実に償いをすれば、それで赦すべきではないだろうか。そのほうがむしろ、道徳的に正しいのではないだろうか。赦さないことは、加害者との道徳的関係の修復を断念し、新たな道徳的交わりへの希望を閉ざすことである。それよりは、道徳的修復を行い、将来への希望を開くべきではないか。

以下では、赦すことができない悪、赦すべきでない悪が存在するのかどうかに焦点を当てながら、道徳的修復の可能性とそこに関わる情動について考察していきたい。

## 1　どうしようもない悪

### 元に戻せない悪

行為によって生じた悪のなかには、たとえそれが大きな悪であっても、それなりに取り返しのつくもの、元に戻せるものがある。会社のお金を一億円、横領してしまった。そんな大金を横領するなど、とんでもない大罪である。しかし、それでも、横領したお金を返すことは可能かもしれないし、それを返せば、一億円の喪失は回復され、事態を元に戻すことができる。

もちろん、横領したお金を返せば、それでいいというわけではない。お金を返せば、たしかにお金がなくなったという悪は解消されるが、そのほかにも横領によって生じる悪はある。横領された会社の人々は横領した人に不信感を覚え、それまでの道徳的関係を保つことができないだろう。このような悪（つまり道徳的関係の損傷）は、たんに横領したお金を返すというだけでは修復されない。それに加えて、何らかの謝罪を行うなり、罰に服するなりすることが必要である。しかし、そのような道徳的関係の損傷をもたらした元凶、すなわちお金の喪失という悪は、お金を返すことで解消される。したがって、道徳的関係を修復して、お互いの信頼を取り戻すことも、横領した人の態度次第で可能であろう。

しかし、行為によって生じた悪のなかには、元に戻すことができないものもある。子供が車にひかれて死んでしまった。母親がいくら「子供を返して」と泣き叫んでも、なくなった命は取り返すことができない。少なくとも、現在では、そうである。将来、蘇生術が開発されて、いったん命がなくなっても、ふたたび蘇らせることができるようになれば、人を殺しても、それを元に戻すことが可能になる。しかし、そのような蘇生術のない現在においては、人を殺してしまえば、それはもはや取り返しがつかない。

元に戻せないような悪を行ってしまった場合は、当然のことながら、道徳的関係を修復することは非常に困難である。運転手がそれほど悪くなくても、つまり酔っぱらい運転をしていたわけでも、スピードを出しすぎていたわけでもなく、ただほんのちょっと注意が不足していただけでも、母親は、もう少し注意していてくれれば、子供はひかれずにすんだのに、と深く嘆くであろう。そして「子供を返して」と、不可能な要求を突きつけるであろう。子供が生き返らないかぎり、母親が運転手を赦すことはきわめて困難である。

## 償えない悪

元に戻せない悪がなされた場合、道徳的関係を修復することはたしかに困難であるが、必ずしも不可能というわけではない。生じてしまった悪を取り消すことができないとしても、何らかの償いをすることは可能である。子供をひき殺してしまった運転手は、子供を生き返らせることはできないが、それでも母親に心から謝罪し、「子供を返して」という母親の訴えに真正面から向き合い、母親の悲嘆を真摯に受け止めることができる。たとえそのようなことをすることを母親から拒否されても、それでもそれを行い続けることができる。何度拒否されても、ひたすら謝罪し、母親の絶望的な苦悩から逃避せずに、それに向き合い続けることができる。

もちろん、そのような一途な償いをしても、赦されるとは限らない。いつまでたっても、どうしても赦されないこともある。しかし、ときには、やがて赦しが得られることもある。心からの謝罪と母親の苦悩に正面から向き合う運転手の真摯な姿勢に触れて、母親はやがて赦せないという気持ちから脱して、赦せるという気持ちになるかもしれない。つまり、怒りや悲しみや憎悪が渦巻く昂ぶった状態から、それらが鎮まった安らかな状態になるかもしれない。たとえ亡くなった子供が返ってこなくても、そのような状態になることはありえよう。母親がそのような状態になって、じっさいに運転手を赦したとすれば、母親と運転手の道徳的関係は修復され、彼らはふたたび互いの善意を信頼して、道徳的な交わりを行うことができるようになる。

しかし、どれほど償っても、けっして赦されないこともある。もし運転手がたんなる一瞬の不注意ではなく、酔っぱらい運転で子供をひき殺したとすれば、運転手がどれほど謝罪し、どれほど母親の苦悩に真摯に向き合ったとしても、母親は運転手をけっして赦すことはできないだろう。母親が怒りや悲しみや憎悪が渦巻く心の状態から安らかな心の状態にはなることは、おそらく永遠にないだろう。

ここで、つぎのような疑問が生じるかもしれない。運転手が可能なかぎり償いをしたのであれば、母親は運転手を赦すべきではないだろうか。運転手にとっては、もうそれ以上どうすることもできない。そうであれば、母親は運転手を赦さざるをえないのではなかろうか。もちろん、運転手がいくら償いをしても、母親はどうしても赦す気持ちになれないかもしれない。それゆえ、赦すことができないかもしれない。しかし、そうであっても、本来は赦すべきではないのだろうか。

たしかにそのようにも思われよう。しかし、ここで一つ、見落としてはならない重要な点がある。それは、どれほど償っても、けっして十分な償いには到達しえないような悪があるということだ。元に戻せない悪のなかには、償っても、償っても、償いきれない悪がある。酔っぱらい運転で子供をひき殺した悪は、そのような償いえない悪ではないだろうか。そうだとすれば、運転手がどれほど謝罪し、母親の気持ちに真正面から向き合ったとしても、それは完全な償いにはならない。それゆえ、母親が運転手を永遠に赦せないとしても、それはむしろ当然のことであろう。もし運転手の罪が完全に償われるのであれば、母親は運転手を赦すべきであろう。しかし、完全に償われることはないのだから、母親はむしろ運転手をけっして赦してはならないのである。

そうだとすれば、母親が赦せないという気持ちを抱き続けるのも、当然そうあってしかるべきだろう。赦せないという気持ちは、運転手の罪がけっして完全には償いえないことを正しく反映している。それは母親が直面する事態の価値的なあり方を正しく捉えた適切な情動である。したがって、母親はその気持ちを抱き続けるべきであり、それに従って運転手をけっして赦すべきではないのである。

## 2　赦し

### 赦しは何のためか

償いえない悪は、どれほど償っても、償いきれないのだから、けっして赦すべきでない。たとえ長年にわたる真摯な償いのゆえに、もう赦してやりたいと思っても、けっして赦すべきではない。しかし、このように思われる一方で、原理的に償うことができないからこそ、赦すべきではないかとも思われる。赦さないということは、道徳的関係が永遠に修復されないということである。そうであれば、たとえ十分な償いでなくても、長年にわたって真摯に償い続けたのであれば、赦すことによって道徳的関係を取り戻すべきではないだろうか。

赦すことは、悪によって損なわれた道徳的関係を修復する機能をもつ。もちろん、悪をなした者が真摯な反省も、誠実な償いもしなければ、たとえ赦したところで、そのような者と道徳的関係を再構築することは困難であろう。赦すことによって、お互いの信頼を取り戻そうとしても、そのような者はふたたび悪をなして、その信頼をまたもや裏切るだろう。しかし、悪をなした者が真摯な反省を行い、可能な限りの償いをしたのであれば、たとえその償いが十分な償いには到達しないとしても、そのような者を赦すことで、道徳的関係をふたたび取り戻すことは可能ではないだろうか。そのような者は今後、悪をなさないことが十分期待できる。むしろ、償えない悪をなしたことのない通常の人よりも、いっそうそれが期待できよう。そうであれば、赦すことによって道徳的関係をふたたび築くほうがよいのではないだろうか。

道徳的関係をふたたび成立させるためには、十分な償いでなくてもよい。もちろん、十分な償いが可能であれば、そうすべきだろうが、それが不可能な場合は、可能な限りでの償いでよい。償いえない悪をなした者でも、可能な限りの償いをすれば、道徳的な信頼に十分値するようになる。償いえないことを償うという不可能なことを成就しないかぎり、道徳的な信頼に値するようにはならないということはない。そして道徳的な信頼に値するようになれば、赦すことによって道徳的関係をふたたび成立させるほうがよいように思われる。

### 赦しの正当性

償いえない悪をなした者であっても、道徳的関係を修復するという目的からすれば、そのような者をも赦して、その目的を達成するほうがよいであろう。しかし、たとえそうだとしても、そのような者を赦すことは、はたして正しいことだと言えるのであろうか。たしかに道徳的修復は望ましい目的であり、それが達成されないよりは、達成されるほうがはるかによいだろう。相手を道徳的に信頼せず、不信の眼で見続けることは、そのように見られる者にとってだけではなく、そう見る者にとっても、つらいことである。そのような不信を解除し、道徳的な交わりを再開できるなら、それに越したことはない。

しかし、目的が良いからといって、それを達成する手段が良いとは限らない。目的は望ましくても、手段は正当性を欠くかもしれない。償いえない悪をなした者であっても、その者を赦すことで、たしかに道徳的修復という望ましい目的が達成される。しかし、だからといって、十分な償いをしていない者を赦すことが、はたして正しいと言えるのだろうか。そのような赦しは、何らかの確固たる理由によって、きちんと正当化できるのだろうか。たとえ目的が望ましくても、そのような赦しはそれ自体としては正当性を欠くのではないだろうか。

ここで問題にすべきことは、十分な償いが正当な赦しの絶対的な条件かということであろう。十分な償いがなされることが、赦しが正当であるための絶対的な条件だとすれば、償いえない悪をなした者は、そうである以上、正当な赦しを得ることが絶対に不可能である。しかし、十分な償いがなされないかぎり、赦しが正当になることは本当にありえないのだろうか。

ここで、まず考えられるのは、可能な限りの償いがなされれば、それで赦しは正当になるのではないかということであろう。償いえない悪をなした者は、どれほど真摯に償いをしようとしても、完全な償いを閉ざされている。そうであれば、可能な限りでの償いをすることで、正当な赦しを付与されてもよいのではないだろうか。

しかし、可能な限りの償いをするだけでは、おそらく赦しは正当なものにはならないだろう。償いえない悪をなした者が心から謝罪し、真摯に被害者の心情に向き合ったとしても、被害者はなお赦せないという気持ち、怒りや悲しみや憎悪が渦巻く状態から脱することができないかもしれない。そうであれば、そのような気持ちを抱えたまま、それでもなお赦したとしても、それは正当な赦しにはならないだろう。それは無理やりなされた赦しであり、正当性を欠くと言わざるをえないだろう。そうだとすれば、赦しが正当であるためには、たんに可能な限りの償いがなされるというだけではなく、それによって被害者が赦せないという荒々しい気持ちから赦せるという安らかな気持ちになることが必要であろう。

赦しが正当であるためには、加害者の可能な限りの償いと被害者の赦せるという気持ちが必要である。しかし、その二つの条件がそろえば、それで十分であろうか。加害者が可能な限りの償いをし、被害者がそれによって赦せるという平穏な気持ちになったとしても、それでもなお、赦すことが正当でないということはないのだろうか。

おそらくそのようなことはないであろう。加害者が可能な限りの償いをし、被害者がそれで赦せるという気持ちになったのなら、もうそれ以上、正当な赦しに必要なことはないだろう。もしそれ以上の何かを求めるとすれば、それは結局、十分な償いを求めるということでしかないであろう。しかし、それは償いえない悪においては、不可能な要求である。正当な赦しというものが償いえない悪においてもあるとすれば、可能な限りの償いと赦せるという気持ちの達成で十分なはずだ。そうとしか考えられないのではないだろうか。

しかし、それでもなお、さらに問題となることがある。それは、どのようにして赦せるという気持ちになったかということである。赦せないという気持ち、怒りや悲しみや憎悪といった負の情動が渦巻く心の状態から、ただただ抜け出したいがために、赦せるという気持ちになったにすぎない、ということはないだろうか。加害者の真摯な償いは、たしかに被害者の心情を宥めるものである。しかも、それは当然そうあってしかるべきものである。しかし、ひとえに加害者の真摯な償いによって、被害者が赦せるという気持ちになったのではなく、辛く苦しい負の情動から逃れたいという欲求も手伝って、そうなったのかもしれない。そうであれば、たとえ赦せるという気持ちになったとしても、そうなるのは安易だと言わざるをえないだろう。つまり、本来赦せるという気持ちになるべきではないのに、そのような気持ちになってしまったのだ。それは間違いである。

加害者が可能な限りの償いをし、被害者がそれによって赦せるという気持ちになったとしても、その根底に辛い負の情動から逃れたいという欲求が働いていたとすれば、赦しはなお正当なものとはならないだろう。そのような欲求がなく、ただひたすら加害者の可能な限りの償いによって赦せるという気持ちになったのだとすれば、そのときこそは、赦しは正当であろう。それは、赦せるという気持ちになるべきときにそのような気持ちになり、その気持ちに基づいて加害者に与えられるような赦しなのである。

## 3　赦しえないもの

### 極悪

償いえない悪であっても、赦しうる悪、赦すことが正当であるような悪は存在する。しかし、その一方で、いくら償っても、けっして赦しえない悪、赦すことが正当にはなりえない悪も存在するだろう。たったいま見たように、償いえない悪であっても、赦しうる悪というのは、加害者が可能な限りの償いをし、それによって被害者が赦せるという気持ちになるべきときにそうなりうるような悪であった。それゆえ、逆に赦しえない悪というのは、加害者が可能な限りの償いをしても、それによって被害者が赦せるという気持ちになりえないような悪、その気持ちになることが正当ではありえないような悪だということになる。なぜ赦しえない悪においては、被害者はそのような気持ちになりえないのだろうか。なぜ被害者はそのような気持ちになってはいけないのだろうか。

ウォーカーによれば、赦しえない悪においては、被害者はもはや加害者を道徳的に信頼することができず、加害者とふたたび道徳的な関係を結ぶことを希望できない（Walker 2006: 189）。そこには、けっして修復しえない不信、けっして克服できない絶望がある。もしそうだとすれば、被害者が加害者を赦せるという気持ちになりえないのは当然であろう。しかし、すでに見たように、どれほど大きな悪であっても、加害者が真摯に反省し、可能な限りの償いを行えば、加害者がもう二度とそのような悪をなすことはないだろうと信じてよいであろうし、それゆえ加害者とふたたび道徳的な交わりを行うことができると期待してよいであろう。それゆえ、赦しえないような大きな悪だからといって、加害者にたいする信頼や希望が永遠に断たれるということは必ずしもない。赦しえない悪であっても、信頼や希望が回復されることはありうるだろう。しかし、それでもなお、赦しえない悪においては、被害者は加害者を赦せるという気持ちにはなりえないのであり、そのような気持ちになるべきではないのである。

なぜそうなのだろうか。なぜ被害者は加害者への信頼や希望を取り戻すことができてもなお、赦せるという気持ちになれないのだろうか。なぜそのような気持ちになることが正当ではありえないのだろうか。

この問題にたいして、ヴェトレーゼンは加害者との道徳的関係の再構築に希望をもてるかどうかということではなく、加害者がなした悪のもとでなお生きる希望をもてるかどうかという観点から、解答を試みている（Vetlesen 2011: 164）。彼によれば、赦しえない悪のもとでは、もはや生きる意味と希望が存在しない。我が子を殺害された母親にとってそれが赦しえない悪であるのは、我が子なしの生がもはや生きるに値しないからである。我が子を殺した者が真摯に反省して可能な限りの償いをし、それによってその者への道徳的信頼が回復されたとしても、我が子なしの生にはもはや生きる意味と希望がない。我が子が生き返らないかぎり、そのような意味と希望を取り戻すことはできない。赦しえない悪においては、生きる意味と希望が永遠に奪い去られるのだ。被害者が加害者を赦せるという気持ちになりえないのは、そのためである。

たしかにそのとおりであろう。ヴェトレーゼンの考えは正しいように思われる。しかし、一点だけ、注意しておきたいことがある。赦しえない悪においては、生きる意味と希望が奪い去られると言うとき、それはこれまでの意味と希望だけではなく、いかなる新たな意味と希望も奪い去られるということである。したがって、そのような悪を被った者は、もはや何の意味も希望もなく、ただ生ける屍のように生きるか、あるいは死を選ぶしかないだろう。もし我が子を殺害された母親が、我が子がいたときにもっていたような意味と希望をもはや取り戻すことができないとしても、それでもなお新たな意味と希望を見いだすことができるとすれば、我が子を殺害されたことの悪は必ずしも赦しえない悪とはならないだろう。新たな意味と希望のもとで新たな生を送ることが可能であれば、悪をなした者を赦そうという気持ちになることも可能であろう。そしてそうなるのは不当ではないだろう。そうだとすれば、結局のところ、赦しえない悪というのは、たんにこれまでの生きる意味と希望を奪い去るだけではなく、いかなる新たな意味も希望も閉ざすものでなければならない。赦しえない悪とはそのような極限的な悪なのである。だからこそ、被害者は加害者を赦せるという気持ちになりえないのであり、そうなるべきではないのである。

## 平凡な行為者

ところで、なされた悪があらゆる意味や希望を打ち砕くような極限的な悪であったとしても、そのような悪をなした者が悪魔的な異常者であるとはかぎらない。むしろごく平凡な行為者であるかもしれない。しかし、そうであれば、なされた悪が赦しえないとしても、その悪をなした者は赦しうるのではないだろうか。罪を憎んで、人を憎まずである。悪とそれをなした人を区別して、悪が赦しえないとしても、人は赦しうるのではないだろうか。それとも、悪が赦しえなければ、人も赦しえないのだろうか。

アーレント（1969）は、ユダヤ人の大虐殺を指揮したアイヒマンをごく平凡な人間として描く。アイヒマンはけっして特別な極悪人ではなく、ただ任務に忠実な凡庸な人間にすぎない。私たちもアイヒマンと同じ立場に置かれれば、ユダヤ人の大虐殺を行ってしまうであろう。そうだとすれば、アイヒマンはけっして赦されえない人間ではなく、むしろ彼が可能な限りの償いをすれば、彼は赦されるべき人間ではないだろうか。たとえ彼がそのような償いをしても、彼のなした悪は赦されえないが、彼自身は赦されうるのではないだろうか。

ヴェトレーゼンは、このアイヒマンの平凡さの問題に取り組んで、たとえアイヒマンのような平凡な人間であっても、極限的な悪をもたらした者はけっして赦されえないと主張する。彼によれば、「行為が行為者を超える」こともある（Vetlesen 2011: 161）。すなわち、行為が途方もない悪をもたらすものであっても、行為者がそれに見合うだけの途方もない悪意をもっているとはかぎらない。些細な悪意から、途方もない悪が生み出されることもあるのだ。しかし、たとえそうであっても、行為と行為者を切り離すわけにはいかない。行為はあくまでも行為者が行った行為である。それゆえ、行為は赦されないが、行為者は赦されうるというわけにはいかない。行為と行為者はともに赦されうるか、ともに赦されえないかのどちらかである（Vetlesen 2011: 162）。したがって、行為が赦されえないとすれば、行為者も赦されえないのである。

平凡な人間による極限的な悪の問題にたいするこのようなヴェトレーゼンの見方については、少し厳しすぎるのではないかという批判もありえよう。極限的な悪をなした者でも、悪魔的な人間ではなく、私たちと同じごく平凡な人間であれば、赦しの余地を残すべきではないだろうか。死の床でユダヤ人に赦しを請うカールも、己の罪におののく平凡な人間である。

そのような者が真摯に反省し、可能な限りの償いを行えば、そしてそれによって赦せるという気持ちになることができれば、それで赦すべきではないだろうか。それでも赦しえないというのは、あまりにも酷なことではないだろうか。彼らはたんに道徳的に不運であったにすぎない。たまたま極限的な悪をなしてしまうような状況に置かれたために、そのような悪をなしたにすぎない。私たちもそのような状況に置かれれば、そのような悪をなしたであろう。私たちが極限的な悪をなさなかったのは、たんにそのような悪をなす状況に置かれなかったからにすぎない。つまり、私たちはたんに道徳的に幸運であったにすぎない。そうであれば、私たちは彼らを赦すべきでないだろうか。[*2]

しかし、たとえ彼らが平凡な人間であり、それほどの悪意をもっていなかったとしても、彼らがもたらした悪は被害者からいっさいの生きる意味と希望を奪ってしまうような極限的な悪である。そうである以上、被害者はそのような悪をなした者をけっして赦すことはできないだろうし、赦すべきではないだろう。たとえ彼らが道徳的に不運であったにすぎないとしても、彼らに極限的な悪をなした者という刻印を永遠に背負わってもらわなければならない。カールはヴィーゼンタールから赦しの言葉を得られなかったために、安らかに死ぬことができなかっただろうが、まさに彼はその重い十字架を背負ったまま、死んでいかなければならない。彼のなした途方もない悪がそのような苛酷な扱いを要求するのである。ヴェトレーゼンが主張するように、行為と行為者を分けることはできない。行為が赦しえないなら、行為者もまた赦しえないのである。

## 4　それでも人である

### 悪魔的な行為者

極限的な悪をなした者でも、平凡な人間であることが多い。しかし、そのような人間であっても、極限的な悪をなしたがゆえに、けっして赦すことはできない。たとえ赦したとしても、その赦しは正当ではなく、偽りにすぎない。そうだとすれば、極限的な悪をなした者が平凡な人間ではなく、まさに悪魔的な人間だとすれば、当然そのような人間を赦すことはできないだろう。

悪魔的な人間は、自分がもたらした悪を反省することもないし、その償いをすることもない。彼らはむしろ自分が行ったことを正しいと信じているかもしれない。多少の悪を伴ったにせよ、それは全体としては正しいことであり、行わねばならなかったことなのだ。彼らはそう思っているかもしれない。そして私たちがいくら彼らにその誤りを悟らせようとしても、彼らは頑としてそれを認めようとしないかもしれない。あるいは、そうではなく、彼らもまた、自分が行ったことを悪いことだと認識しているかもしれない。しかし、そうであってもなお、彼らは悪いことをしてしまうのかもしれない。いや、それどころか、悪いことであるがゆえに、それを行うのかもしれない。悪を悪であるがゆえになす。[*3] 平凡な人間にはおよそ考えられないことだが、それが彼らの心の本性かもしれない。

悪魔的な人間の心のあり方もけっして一様ではないが、いずれにせよ、彼らは私たち通常の人間には理解しがたい異常な心理をもっており、それゆえ極限的な悪をもたらしても、何の反省も償いもしないのである。彼らは被害者との道徳的関係を傷つけるだけではなく、その修復の見込みもいっさい断ち切る。悪魔的な加害者にたいして、被害者は道徳的修復にかんするいかなる信頼も希望も未来永劫に抱くことができない。そのような悪魔的な加害者を赦すことができないのは、当然であろう。平凡な加害者のように、道徳的修復が期待できる場合であっても、彼らがもたらした悪の途方もなさのゆえに、彼らを赦すことができないとすれば、そのような修復の期待すらできない場合には、当然、赦すことはできないだろう。

しかし、ここでひとつ、根源的な問題がもちあがる。悪魔的な人間が私たちには理解できないような異常な存在だとすれば、彼らはじつはそもそも人間ではないのではなかろうか。彼らは人間の姿形をしていても、そして人間の言葉を語っていても、そもそも私たちが道徳的関係を結べるような存在ではない。彼らが私たちに善意を向けることはないし、私たちが彼らに善意を向けても、感謝されることはない。そのような者はもはや人間とは言えないのではないか（あるいは「人格」とは認められないのではないかと言ったほうがよいかもしれない）。そうだとすれば、彼らを赦したり、赦さなかったりするということも意味をなさないのではないか。赦すことや赦さないことが意味をなすのは、道徳的な関係を結ぶことができる人間にたいしてである。私たちの道徳的世界の住人でありうるような者にたいしてのみ、赦しやその拒否は意味をなすのである。

たとえば、凶暴なトラが何人もの人間を無残に噛み殺したとしても、私たちはそのトラを赦すわけでも、赦さないわけでもないだろう。赦したり、赦さなかったりすることが、人間でないトラにたいしては意味をなさない。トラはそもそも私たちの道徳的世界の住人ではありえない。私たちはトラを赦したり、赦さなかったりするのではなく、射殺するなり、檻に閉じ込めるなりして、トラの脅威が私たちに及ばないようにする。それだけである。私たちはまた、トラを罰したり、罰しなかったりすることもしない。*4 赦しや罰のような道徳的な意味をもつ対処は、トラにたいしては無意味なのである。

悪魔的な人間は、私たちの道徳世界の住人ではありえないという点では、トラと同様である。彼らはその点で、じつはそもそも人間ではないのである。そうだとすれば、彼らを赦したり、赦さなかったりすることも意味をなさないだろう。したがって、彼らは赦しえない者であり、けっして赦してはならないと言ってみたところで、それは無意味だろう。私たちになしうることは、トラと同じように、処刑も含めて何らかの仕方で彼らを隔離し、彼らの危害が私たちに及ばないようにすることだけである。

しかし、本当にそうであろうか。悪魔的な人間はじつは人間ではないのだろうか。彼らは人間ではないから、トラと同じように処分すればよいのだろうか。話はそれほど簡単ではないように思われる。そこにはもっと深い問題が横たわっているのではないだろうか。

## 究極の不条理

悪魔的な人間は私たちと道徳的な関係を取り結ぶことができない。彼らは私たちの道徳世界の住人ではありえない。しかし、それでもなお、彼らは人間である。私たちはそう感じざるをえない。彼らをたんに人間でないものとみなすわけにはいかない。彼らもまた人間であると思うがゆえに、彼らがもたらした途方もない悪に激しい怒りや悲しみを覚えざるをえない。たしかにトラが人間を噛み殺したときにも、私たちはそのことに怒りと悲しみを覚えるかもしれない。しかし、その怒りと悲しみは悪魔的な人間が悪をもたらしたときの怒りや悲しみとは違う。悪魔的な人間がもたらした悪への怒りと悲しみには、その人間に謝罪と償いをさせようという強い動機が含まれている。私たちは、そのような人間がたとえ何らかの謝罪や償いをしたとしても、それをいっさい拒絶するだろうが、それでもなお彼らに強く謝罪と償いを要求する。「お前なんかに謝罪してほしくない」、「お前なんかに償ってほしくない」と言いつつも、謝罪や償いがなされなければ、いっそう怒りと悲しみを募らせる。じっさい、悪魔的な人間は、平凡な人間と違って、極限的な悪をなしても、いかなる謝罪も償いもしないから、被害者はよりいっそう怒りと悲しみを募らさざるをえない。

私たちは悪魔的な人間を、一方では、人間でないと思いつつ、他方では、それでもなお人間だと思わざるをえない。つまり、一方では、私たちの道徳的世界の住人ではありえないと思いつつ、他方では、それでもなおそのような住人でありうると思わざるをえない。そうであるがゆえに、彼らをたんに人間でないものとして扱うことができず、彼らに謝罪と償いを要求し、そして赦しを拒むのである。つまり、彼らにたいして道徳的な意味をなす態度をとるのである。

私たちは悪魔的な人間を人間でないと思いつつも、それでもなお人間だと思わざるをえない。なぜこのような背反する思いが生じるのだろうか。なぜ悪魔的な人間が私たちの道徳的世界の住人ではありえないのに、それでもなお、彼らをそのような住人でありうる者として扱うのだろうか。

これには、判断と情動の違いが関わっているように思われる。私たちは知的には、悪魔的な人間を私たちの道徳的世界の住人でありうるような人間ではないと判断する。しかし、情動的には、彼らを道徳的世界の住人でありうるような人間だと感じる。この判断と情動のずれによって、私たちは悪魔的な人間を人間でないと思いつつも、なお人間だと思うのである。

しかし、そうだとすれば、悪魔的な人間を人間だと思うのは、たんなる間違いではなかろうか。悪魔的な人間は私たちの道徳的世界の住人ではありえない。判断はそれを正しく捉えている。しかし、情動は悪魔的な人間の見かけの姿形や言動に惑わされて、彼らを誤って人間だと感じてしまう。したがって、その情動に基づいて形成される思い、すなわち悪魔的な人間もなお人間だという思いは、明らかに間違いであるように思われる。

判断と情動が対立するとき、たしかに判断が正しく、情動が誤っていることが多い。情動は判断ほど洗練されておらず、しばしば誤る。しかし、そうだとしても、第3章で見たように、判断がつねに正しいというわけではない。ときには、情動が正しいこともある。とくに、いまの場合は、情動が正しい可能性もかなりあるように思われる。悪魔的な人間もなお人間だと感じる情動は、安全な飛行機をなお危険だと感じる情動ほど、不合理ではないように思われる。判断は悪魔的な人間を人間でないと捉えつつも、彼らをそれでも人間だと告げる情動の声に多少なりとも揺さぶられる。

しかし、悪魔的な人間がそれでも人間だとすれば、彼らはいったいいかにして人間でありうるのだろうか。彼らは極限的な悪をなしても、反省も、謝罪も、償いもしない。彼らは悪を善と頑なに信じてなすか、あるいは悪を悪であるがゆえになすような存在である。そのような者がいかにして私たちと道徳的関係を結べるような人間でありうるのか。彼らが私たちと道徳的に断絶していることは明らかではないか。

たしかにそう思われる。しかし、それは私たちがいま私たちの判断能力によって考えることができる道徳的関係にかんする限りでの話である。そのような道徳的関係にかんしては、悪魔的な人間は明らかに私たちと道徳的に断絶していよう。私たちは彼らと道徳的関係を結ぶことはできない。しかし、私たちがいま私たちの判断能力では考えることができないとしても、何かある新しい道徳的関係がありうるかもしれない。そのような新たな道徳的関係については、悪魔的な人間とも道徳的関係を結ぶことができるかもしれない。悪魔的な人間をなお人間だと感じる情動は、そうした新たな道徳的関係の可能性を示しているのである。

悪魔的な人間であったとしても、未知の新たな道徳的関係を彼らと取り結ぶことができるかもしれないとすれば、彼らにたいして道徳的な意味をもつ態度をとることは、けっして無意味ではないだろう。私たちは悪魔的な人間をそれでもなお人間だと思い、反省も謝罪も償いもしようとしない彼らにたいして、それでもなお反省と謝罪と償いを求め、そしてそのうえでいかなる赦しも絶対的に拒む。このような道徳的な意味をもつ態度をとることは、いま私たちが私たちの判断能力で考えうるような道徳的関係を彼らと結ぶことができないとしても、未知の新たな道徳的関係を結ぶことができる可能性があるとすれば、十分意味をなすことであろう。私たちが悪魔的な人間を人間でないと思いつつも、なお人間だと思うことには、道徳の新たな可能性にかんする非常に深い意味が存在するのである。

## 注

＊1　この小説を収めたヴィーゼンタール 2009 には、「小説をめぐる53の議論」と題して、五三名の論者による重要な議論が付されている。

＊2　道徳的運については、Nagel 1979 を参照。

＊3　米国の漫画で映画化もされている『バットマン』に登場する悪役ジョーカーは、このような悪魔的な人間かもしれない。

＊4　アーレントも、赦すことができないものは罰することができず、それがカント以来の「根源悪」の印であると言い、そのような根源悪は「人間事象の領域と人間の潜在的な力を超えているだけでなく、それが姿を現すところでは、人間事象の領域と人間の潜在的な力が共に根本から破壊されてしまう」と言う（アレント 1994: 377）。

「どうしてくれるんだ」。私は怒って、抗議する。今日までの約束なのに、友人がお金を返してくれない。そのお金がないと、家賃が払えない。期日までに払わないと、あの嫌みな大家にまたネチネチ文句を言われてしまう。いったい、どうしてくれるんだ。私が怒って抗議しても、友人には残念ながら、お金がない。彼はただひたすら「すまん」と謝るばかりである。私はあきらめてその謝罪を受け入れる。

友人がお金を返さないとき、私にはそれに抗議する権利がある。借りたお金は返すべきだ。私と友人はそのことを互いに理解し合ったうえで、お金の貸し借りをした。だから、友人がお金を返さないとき、私は当然友人にお金を返すように要求できるし、それでも返せないと言うのなら、なぜ返せないのかをきちんと説明するように要求することができる。私にそのような権利があることを友人は理解しているし、だからこそ、返せない理由を真摯に説明し、返せないことにたいし心から謝罪する。お金を借りた友人にはそうする義務があり、そのような義務があることもまた、私と友人は互いに理解し合っている。

私たちはふだんお互いを害することのないように道徳的な配慮を行いながら生きている。いま述べたような権利と義務は、このような道徳的実践において暗黙の前提となっている。私たちは人に危害を加えないようにする義務があり、それゆえ危害を加えられた被害者は危害を加えた加害者に抗議する権利がある。そして加害者は被害者の抗議に真摯に応答する義務がある。このような権利と義務が暗黙的に成立しているがゆえに、お互いを害さないようにする道徳的実践が可能になっている。

しかし、そうだとすると、友人がお金を返さないときに、私が怒るということにどんな意味があるのだろうか。私はとくに怒る必要はなかったのではないか。私は友人に抗議する権利をもっているから、それを行使しさえすればよかったのではないか。そうすれば、友人は私の抗議を真摯に受け止める義務を有するから、私の抗議を真摯に受け止めたはずである。抗議を成立させるために私がわざわざ怒る必要はないように思われる。もちろん、友人がお金を返さなければ、私はついつい怒ってしまうだろう。しかし、その怒りは私の抗議とそれへの友人の応答を成立させるうえでけっして不可欠ではなく、たんに付随的なものにすぎないのではないだろうか。

道徳的実践に必要な権利と義務がすでに成り立っているとすると、情動は道徳的実践にとって不要であるように思えてくる。しかし、その一方で、道徳に関わる諸情動がなければ、私たちが現に営んでいるような道徳的実践が成立しないことは明らかであるようにも思われる。不正に怒り、犯した罪を恥じ、困った人を憐れむというようなことがなければ、お互いを尊厳あるものとして尊敬したり、万が一その尊厳を害してしまったら、償いをしたりするというような道徳的実践は成り立たないのではないだろうか。

情動は道徳的実践においてどんな役割を果たしているのだろうか。それはじつは無用の長物であり、道徳的実践にたまたま付随しているだけなのだろうか。それとも、情動がなければ、道徳的実践が成立しえないような何か本質的な役割を果たしているのであろうか。以下では、道徳的実践が本質的に「二人称的」であることを確かめ、そのような道徳的実践において情動がどのような重要な役割を果たすかについて考察していきたい。

## 1　足をどかせる二つのやり方

道徳の二人称性をとりわけ力強く訴えるのはダーウォルである（Darwall 2006）。しばらく彼の考察を参照しながら、道徳が二人称的であることがどのようなことかを見ていこう。

## 二人称理由

満員電車に乗っているときに、電車がちょっと揺れた拍子に隣の人に足を踏まれてしまった。痛い！　早く足をどけてほしい。しかし、その人は私の足を踏んでいることに気づかないのか、あるいは気づいていても、それほど痛くないだろうと思っているのか、ともかく足をどけてくれない。このとき、足をどけてもらうには、二つの異なるやり方がある、とダーウォルは言う（Darwall 2006: 5-10）。

一つは、同情を喚起することである。足を踏まれて私が痛い思いをしていることについて相手に同情させることができれば、相手はその苦痛を取り除いてやりたいと思うだろう。苦痛はあるより、ないほうがよい。つまり、苦痛があるような世界より、それがないような世界のほうがよい。したがって、誰かが苦しんでいることに同情すれば、誰でも当然その苦痛を取り除いてやりたいと思うだろう。そしてそう思えば、そうすることが可能なかぎり、苦痛を取り除くだろう。こうして私は相手の同情を喚起することにより、足をどけてもらうことができる。

このやり方は、相手が私に悪いことをしている点をまったく問題にしない。そこに大きな特徴がある。問題にするのは、私が苦しんでおり、その苦しみは足をどけることで解消されるということだけである。したがって、必ずしも足を踏んでいる相手に同情させる必要はない。相手の足をどかせることができる人なら、誰でもよい。そのような人なら、誰であれ、私の苦境に同情すれば、相手の足をどかせてくれるだろう。いや、それどころか、自分で相手の足をどかせることができるなら、そうしてもよい。とにかく、問題は私が苦痛から脱することである。それを達成できさえすれば、何でもよい。足を踏んでいる相手に同情させるのがよいように思われるのは、たんにそれが一番手っ取り早いやり方にみえるからにすぎない。

これにたいして、もちろん、相手の悪さを問題にするやり方もある。私は相手に同情させるのではなく、「足をどけてくれ」と正当に要求することができる。相手は私の足を踏んづけることで、私に悪いことをしている。それゆえ、私には相手に足をどけるように正当に要求する権利がある。この権利は相手も認めているから、相手は私の要求に従って足をどける。少なくとも、足をどけることができるなら、そうする。こうして私は自分に与えられた権利に基づいて、足をどけてもらうことができるのだ。

この二番目のやり方では、足をどけるべき理由を相手に差し向けることが鍵となっている。私は足をどけてくれと相手に要求することで、相手に足をどけるべき理由を与える。相手はそれを正当な理由として受け止めて、足をどける。つまり、相手は自分が私の足を踏むことで私に無用な苦痛を与えており、それゆえ足をどけなければならないと理解して、足をどける。私が相手にこのような理由を差し向けることができるのは、私にそうする権利があることをお互いが承認し合っているからである。ダーウォルはこのようにして相手に差し向けられる理由を「二人称理由」とよぶ。私は二人称理由を相手に差し向けることで、相手に足をどけてもらうことができるのである。

## 行為者相対性

ところで、足をどかせる一番目のやり方でも、相手に足をどかせる理由が与えられている。私の苦しみにたいして相手に同情させることで、私の苦しみが相手にとって足をどける理由となっている。しかし、これは苦しみがあるよりないほうがよいということに基づく理由にすぎない。さきに述べたように、苦しみがある世界より、それがない世界のほうがよい。したがって、足をどけることで苦しみがなくなるなら、足をどけるべきだ。ここでは、苦しみが誰によって引き起こされるかが問題にされない。ただ苦しみがあることだけが問題にされる。つまり、苦しみがそれを引き起こした行為者から切り離され、「行為者中立的」に捉えられるのだ。相手に同情させることで、私の苦しみが相手にとって足をどけるべき理由となるとき、それはこのような行為者中立的な意味で理由となるのである。

これにたいして、足をどかせる二番目のやり方での二人称理由は「行為者相対的」である。

そこでは、私の苦しみがたんに悪である（それがあるよりないほうがよい）ということだけではなく、そのような悪を相手がもたらしていることが問題にされる。相手は私の足を踏むことで、私に悪いことをしている。だから、足をどけるべきなのだ。足をどけるべき理由は、相手が行為者として私に悪いことをしているということであり、たんに悪いことが起こっているということではない。それゆえ、その理由は行為者相対的なのである。悪いことをした行為者はその責任をとらなければならない。行為者相対的な理由は、悪いことをした行為者にその責任をとらせるような理由なのである。

二人称理由が自分に害をもたらした特定の相手に差し向けられるのは、それがまさに行為者相対的だからである。相手が私の足を踏んで、私を苦しめている。だから、足をどけてくれと相手に要求する。この要求は私を苦しめているその相手に向けてなされなければならない。他の人に頼んで相手の足を移動させることもできるかもしれないが、それでは行為者相対的なやり方にならない。それは私の苦しみを引き起こした行為者を問題にせず、たんに私の苦しみを問題にしているにすぎず、それゆえ行為者中立的である。行為者相対的であるためには、あくまでも私の足を踏んづけているその相手に向けて、どけてくれという要求がなされなければならない。そうしてはじめて、相手に責任をとらせることになるのである。

二人称理由は特定の相手に差し向けられる行為者相対的な理由である。しかも、それはさきに見たように、その理由を差し向ける者がそうする権利をもっており、差し向けられる者がその権利を承認しているような理由である。二人称理由はこのような権利とその承認を背景として成立する行為者相対的な理由であり、その点でまさに独特な理由なのである。

## 2　理由と圧力

人に何かをさせるとき、そうすべき理由を示して行わせる場合と、そうするように圧力をかけてやらせる場合がある。母親は子供に勉強させたい。そこで「勉強しないと、立派な人になれないよ」と言って勉強させる。あるいは、「勉強しないと、おやつをやらないよ」と言って勉強させる。前者は勉強すべき理由を与えているが、後者は勉強するように圧力をかけている。

この区別に基づいて言えば、人に二人称理由を差し向けて何かを行わせるのは、人に理由を与えてそれをさせることであり、けっして圧力をかけて行わせることではない。これはわざわざ指摘するまでもない明白なことのように思えるが、ダーウォルはこの点についてもしっかり分析を行っている（Darwall 2006: 49-53）。というのも、理由と圧力の区別はときに一見、紛らわしくみえる場合があるからである。理由と圧力の区別を明瞭に理解しておくことは、情動が道徳的実践においてどんな役割を果たすかを考察するうえで重要となる。そこで、ダーウォルにそくしてこの区別を少し詳しく見ていこう。

## 理由の振りをした圧力

一見、理由を与えているようにみえながら、じつは圧力をかけているにすぎない場合がある。「あなたが借金を返さなければ、あなたは腎臓を失うことになるだろう」。闇金の取り立て人が脅すような調子ではなく、淡々と事実を述べるような調子で言う。しかし、そのような調子で言ったからといって、これが脅しでなくなるわけではない。それは私に借金を払うように強い圧力をかけているのであり、けっして借金を返すべき正当な理由を私に与えているのでない。しかし、なぜそう言えるのだろうか。借金を返さなければ、腎臓を失うという事実は、私が腎臓を失いたくない以上、私にとって借金を返すべき理由となるのではないだろうか。

たしかにその事実が人為ではなく自然の摂理によって成立しているなら、それは借金を返すべき理由となろう。しかし、じっさいには、その事実はそれを述べる闇金の取り立て人によって成立させられている事実である。私が借金を返さなければ、取り立て人が私の腎臓を売り飛ばす。だから、私は腎臓を失うことになる。取り立て人が何もしなければ、私が借金を返さなくても、私は腎臓を失うことはない。「借金を払わなければ、腎臓を失うことになろう」と言うことが脅しになるのは、それを言う当人がまさにその事実を成り立たせているからである。

しかし、ある事実を述べる当人がその事実を成り立たせているからといって、その事実を告げることが必ず脅しになるというわけではない。つまり、当人がその事実を成り立たせていることは、脅しになるための必要条件ではあるが、十分条件ではない。たとえば、先生が生徒に「真面目に勉強しないと、抜き打ちテストをするぞ」と言ったとする。これは脅しではなく、生徒に真面目に勉強する理由を与えている。ここでは、生徒が真面目に勉強しないと、抜き打ちテストが行われるという事実を成立させているのは、それを言う先生自身である。しかし、そうであるにもかかわらず、それは脅しではない。それはときに「脅し」とよばれるかもしれないが、いま行っている理由と圧力の区別から言えば、それは脅しではなく、理由の付与である。

では、なぜそれは脅しではないのだろうか。ダーウォルによると、その鍵を握るのは先生がもっている権利（職務上の権限）である。先生は生徒が真面目に勉強しないと、抜き打ちテストをする権利があり、そのことは生徒も認めている。それゆえ、「真面目に勉強しないと、抜き打ちテストをするぞ」と生徒に言うことは、脅しではなく、真面目に勉強する理由を生徒に与えることになるのである。それにたいして、闇金の取り立て人は、私が借金を払わないと、私の腎臓を売り飛ばす権利をもっているわけではない。私は取り立て人にそんな権利を認めた覚えはない。取り立て人が私の腎臓を売り飛ばすのは不当である。だからこそ、「借金を返さないと、腎臓を失うことになろう」と言うことは脅しになるのである。

ある事実を述べることが理由を与えることではなく、圧力をかけることになるのは、たんにその事実を述べる当人がその事実を成立させているからではなく、その事実を成立させる権利を当人がもっていないからである。理由付与には、しかるべき権利が必要なのである。

## 権利の偽造

ところが、さらに厄介なことに、権利が偽造される場合がある。つまり、一見、権利があるようにみえながら、じつはそうでないことがある。私が闇金から借金をするときに、期日までに返済しないと、腎臓を売って返すという契約をしていたとしよう。そうであれば、闇金の取り立て人は、私が期日までに借金を返さないと、私の腎臓を売り飛ばす権利を有することになるのだろうか。一見、そうであるようにみえる。私と闇金業者はそのような契約を交わしたのであり、そうである以上、闇金の取り立て人は私の腎臓を売る権利を有するように思われる。

しかし、問題はその権利の正当性である。期日までに借金を返済しなければ、私の腎臓を売り飛ばすという権利は、はたして正当だと言えるだろうか。そしてもちろん、この問題は、借金を返済しなければ、腎臓を売って返すという契約がはたして正当であろうかという問題に帰着する。私と闇金業者はたしかにその契約を行った。しかし、それは私の人権を無視した契約であり、正当な契約とは認められない。つまり、それは本来行ってはならない不当な契約であり、それゆえ、たとえ行ったとしても、じつは無効な契約なのである。そうだとすれば、そのような契約に裏打ちされた権利も、不当であり、じつは無効なのである。

圧力ではなく、理由を与えることを可能にする権利は、偽造された不当なものではなく、真正で正当なものでなければならない。しかし、正当な権利と不当な権利の区別は、必ずしも明瞭ではない。その都度、個別に判断するしかない微妙なケースもあるだろう。したがって、理由と圧力の区別も、必ずしも明瞭ではなく、その都度、個別に判断するしかない場合もある。しかし、そのような微妙なケースを含みつつも、私たちは正当な権利と不当な権利、および理由と圧力をおおむね適切に区別することができる。人に二人称理由を差し向けて道徳的実践を営むことができるのも、そのような区別をほぼ適切に行うことができるからである。

## 3　二人称理由の権利

### 直接の被害者と道徳共同体

二人称理由は悪いことをした相手に差し向けられる理由であると同時に、悪いことをされた者が差し向ける理由でもある。私が足を踏まれたとき、足を踏まれた私が踏んだ相手に「足をどけてくれ」と言って二人称理由を差し向ける。足をどけてくれと言う権利は足を踏まれた私にあり、それゆえ私が理由を差し向けるのである。二人称理由はようするに、被害者が加害者に差し向ける理由である。

しかしながら、私たちの道徳的実践において、加害者に理由を差し向けるのは必ずしも被害者とは限らない。被害者の周囲にいる人々が加害者に理由を差し向けることもある。「足をどけてやれ」と隣の人が言ってくれる。私は臆病なため、「足をどけてくれ」と言うことができない。そこで、隣の人が言ってくれるのだ。有難い！

ここで重要なことは、隣の人も理由を差し向ける権利をもっているということだ。私の足を踏んでいる人に隣の人が「足をどけてやれ」と言うとき、それはけっしてでしゃばりでも、越権行為でもない。踏んでいる人は「うるさい、関係ない奴はひっこんでろ」と言い返すことはできない。もちろん、じっさいにはそう言い返す人もいるだろうが、本来、そのように言い返すことはできないのだ。なぜなら、足をどけるべき理由を加害者に差し向ける権利は隣の人にもあるからである。

では、なぜ被害者だけではなく、その周囲の人たちにも、加害者に理由を差し向ける権利があるのだろうか。一つのよくある見方によれば、道徳的に悪をなす者は被害者にたいして悪をなすだけではなく、それによって社会の道徳的秩序を乱すことで、社会全体にたいして悪をなしている。したがって、社会のどの成員も、自分たちの道徳的秩序を乱された被害者である。つまり、直接的な害を受けた人だけではなく、その人と同じ道徳共同体に属するすべての人が被害者なのである。それゆえ、社会のどの成員も、加害者にたいして理由を差し向ける権利を有するのである。ダーウォルもこのような見方をとる（Darwall 2006: 9, 27）。

この見方によると、私の隣の人が加害者に理由を差し向ける権利を有するのは、その人が私と同じ道徳共同体の成員だからである。その人は自分の属する社会の道徳的秩序を乱された被害者であり、それゆえ加害者に理由を差し向ける権利をもつのである。しかしながら、このような権利は悪い行為の害を直接受けた人に特有の権利ではなく、社会のすべての成員が同等に有する権利である。そのような権利に基づいて差し向けられる理由を、私たちははたして二人称理由とよんでよいのだろうか。

私の隣の人が差し向ける理由は、私の足を踏んでいる特定の人に直接差し向けられている。その点では、隣の人と足を踏んでいる人のあいだに「私とあなた」という二人称的な関係が成り立っていると言える。しかし、隣の人はある特定の人として理由を差し向けているのではない。その人はたんに共同体の一員として理由を差し向けているにすぎない。理由を差し向けるのはとくにその人でなくてもよい。別の誰であれ、同じ共同体の成員であれば、理由を差し向けることができる。そのような状況のなかで、たまたま隣の人が理由を差し向けたのである。そうであれば、その点では、隣の人と足を踏んでいる人のあいだに「私とあなた」という二人称的な関係が成り立っているとは言えないのではないだろうか。

ここで、隣の人が理由を差し向けるとき、その人は「私」ではなく「私たち」として理由を差し向けているのだと言われるかもしれない[*1]。つまり、その人が「足をどかしてやれ」と言うとき、その人は「共同体の一員として私はあなたが足をどけることを要求する」と言っているのではなく、「同じ共同体に属する私たちはあなたが足をどけることを要求する」と言っているのだというわけである。このように見れば、たしかに隣の人と足を踏んでいる人のあいだに「私たちとあなた」という関係（これも二人称的な関係）が成り立っていると言えるだろうし、そうであれば、隣の人が差し向ける理由は二人称理由と言ってよいであろう。

しかしながら、隣の人が差し向ける理由がそのような意味で二人称理由とよんでよいとしても、それはやはり足を踏まれた私が差し向ける二人称理由とは根本的に違うと言うべきであろう。私は足を踏まれて痛い思いをしている当人であり、共同体の他の成員は、自分たちの道徳的秩序を乱されたと言っても、足を踏まれているわけではない。私は直接の被害者であり、彼らは間接的な被害者にすぎない。被害者のなかでも、私は特別なのである。それゆえ、私の足を踏む人に理由を差し向ける権利があるのは、誰よりもまず私である。私が「足をどけろ」と言おうとしているのに、それを差し置いて隣の人が「足をどけてやれ」と言ったとすれば、それは出しゃばりである。理由を差し向ける権利にかんして、私は共同体の他の成員より優先権があるのである。

## 代理性

道徳的な悪の直接の被害者には、悪をなした者にたいして理由を差し向ける特別な権利がある。しかし、その一方で、道徳共同体の他の成員にもそのような理由を差し向けるそれないりの権利があることが、道徳的実践にとっては本質的に重要なことである。道徳はたんに個人と個人のあいだだけではなく、共同体全体でなされる実践である。それゆえ、共同体のすべての成員が加害者にたいして理由を差し向けるそれなりの権利を有するような実践でなければ、道徳的実践とは言えないであろう。

たとえば、「つぎの休みに遊園地に行こう」と私は子供と約束する。しかし、急な出張が入って、行けなくなってしまった。子供は「約束したじゃないか」と文句を言う。わたしは「すまん」と謝る。ここで、私に文句を言う権利があるのは子供だけである。隣のおばさんが「何とかならないの」と言ってきても、「あんたには関係ない」と私は突っぱねることができる。子供との約束を破ったことは、私と子供のあいだの私的な問題だ。他人は関係ない。したがって、約束を破ったことが悪いと言っても、それは道徳的に悪いということではない。道徳的に悪いことであれば、共同体のどの成員も、悪をなした人に文句を言う権利がある。たとえば、人を殺した者にたいしては、誰もが「なんでそんなことをしたのか」と詰問する権利がある。

しかし、共同体のすべての成員が加害者にたいして理由を差し向けるそれなりの権利を有するとしても、それは加害者が共同体の道徳的秩序を乱し、それゆえ共同体に害を与えるからであろうか。共同体の成員は自分たちの道徳的秩序を乱された被害者であるがゆえに、加害者に文句を言う権利を有するのであろうか。たしかにそのような一面もあるかもしれない。しかし、もっと本質的には、共同体の成員がそのような権利を有するのは、直接の被害者に同情するからではないだろうか。

隣の人は、足を踏まれて痛そうにしている私を見て、可哀相だと思う。私が文句を言わないなら、私の代わりに文句を言ってやろうと思う。私に同情している隣の人がそう思うのは、当然のことであろう。それゆえ、私に代わって文句を言う権利が隣の人に認められる。私の場合には、私は足を踏まれて痛い思いをしているために、当然文句を言いたくなる。それゆえ、私は文句を言う権利を認められる。それと同様に、私に同情する隣の人も、当然私に代わって文句を言いたくなるがゆえに、文句を言う権利を認められるのである。

共同体のすべての成員が加害者にたいして理由を差し向ける権利を有するのは、まずもって、彼らが直接の被害者に共感を抱き、直接の被害者が理由を差し向けないなら、その人に代わって理由を差し向けてやろうと思うからである。そう考えれば、理由を差し向ける権利にかんして、直接の被害者が共同体の他の成員より優先権があることも、容易に説明がつく。共同体の他の成員が加害者に理由を差し向ける権利を有するのは、あくまでも直接の被害者の代理としてである。加害者に理由を差し向ける権利をまずもって有するのは、直接の被害者である。直接の被害者がその権利を有するからこそ、直接の被害者が自分で理由を差し向けないときに、共同体の他の成員が代理として理由を差し向けることが許されるのである。

また、共同体の他の成員が加害者に差し向ける理由が二人称理由であることも、容易に理解できる。それは代理的な二人称理由なのだ。直接の被害者は、直接的な害を受けた当人として加害者に理由を差し向ける。ここでは文字どおり「私とあなた」の二人称的関係が成り立っており、それゆえ差し向けられる理由は文字どおり二人称理由である。他方、共同体の他の成員は直接の被害者の代理として、加害者に理由を差し向ける権利を有する。ここでは、「代理としての私とあなた」という代理的な二人称的関係が成立している。それゆえ、差し向けられる理由は代理的な二人称理由なのである。

以上のように、加害者に二人称理由を差し向ける権利をもつのは、誰よりもまず直接の被害者である。共同体の他の成員は直接の被害者の代理として、そのような権利をもつ。彼らはたしかに共同体の道徳的秩序を乱された被害者として、加害者に理由を差し向ける権利をもつかもしれないが、むしろ彼らが主として有するのは、直接の被害者の代理としての権利である。彼らは直接の被害者に共感し、直接の被害者に成り代わることで、加害者に二人称理由を差し向ける権利を有するのである。

## 4　反応的情動

ダーウォルが主張するように、道徳は二人称的である。それは加害者にたいして直接の被害者が「何をするんだ」と言って二人称理由を差し向けることを基軸にして行われる実践である。それはたんに、共同体の人々が守るべき道徳的規則があり、それを守らなければ共同体から罰せられるというだけの三人称的な実践ではない。それは何よりもまず、直接の被害者が加害者と向き合って、加害者に文句を言う二人称的な実践なのである。では、なぜ道徳は二人称的なのであろうか。なぜ私たちが実践する道徳は三人称的ではないのだろうか。[*2]それは道徳的実践が本質的に情動を基軸にして営まれている実践であるからだと思われる。最後にこの点を見ていこう。

## 反応的態度

ストローソンは自由意志論の現代の古典とも言うべき著名な論文のなかで、「反応的態度」を基軸にして独自の道徳論を展開している（Strawson 1962）。それによれば、私たちはお互いに善意ある振る舞いを求め合い、そしてそれを期待し合う。ただし、善意ある振る舞いと言っても、特別なことではない。相手を殴ったり、侮辱したりしないとか、困っていれば、助けてあげるとかといったごくふつうのことである。そしてこのような善意ある振る舞いをじっさいに行う人は、感謝されたり、賞賛されたりする。しかし、逆に、悪意ある振る舞いをすれば、その人は怒りを買ったり、非難されたりする。このような感謝や賞賛、あるいは怒りや非難が反応的態度である。私たちは善行をなした人には感謝や賞賛の反応的態度を取り、悪行をなした人には怒りや非難の反応的態度を取る。そしてこのような反応的態度を向けられた人はそれにたいしてしかるべき応答をする。とくに悪行をなした人はそれについて説明や謝罪をして、必要な責任をとる。このようにして道徳的実践が営まれるのである。

ここで重要なことは、ストローソンが挙げる反応的態度がすべて情動であることである。ストローソンは反応的態度を三つにわけて説明している。第一は、当人の反応的態度である。これは悪行や善行をなされた当人がそれをなした相手にたいして取る態度であり、怒りや感謝が例として挙げられる。第二は、代理の反応的態度である。これは自分ではなく、他人が悪行や善行を受けているときに、その悪行や善行をなした人にたいして他人に代わって取る態度である。例として義憤や是認が挙げられる。第三は、自己への反応的態度であり、これは自分がなした悪行や善行にたいして自分が取る態度である。罪悪感や自賛が例として挙げられる。

このように反応的態度の例として挙げられるのは、すべて情動である。したがって、反応的態度は反応的情動とよんでもよい。ストローソンによれば、道徳的実践は反応的情動に基づいて営まれるのである。このストローソンの情動主義的な道徳論をさらに一歩、押し進めているのがヘルムである（Helm 2014）。彼によれば、反応的情動は理に適った一貫したパターンを形成する[*3]。たとえば、あなたが私を害するなら、私はあなたに怒るが、他の人が私を害しても、私はやはり怒る。あなたにだけ怒って、他の人には怒らないということはない。

もしそのようなことをするなら、それは不合理な怒りである。私が合理的な怒りを抱くかぎり、私は私を害する人にたいして一貫して怒る。また、私は私を益する人にたいして一貫して感謝する。あなたにだけ感謝して他の人には感謝しないということはない。そしてさらにこの怒りと感謝も互いに一貫している。害する人に怒るなら、当然、益する人には感謝すべきであり、じっさいそうする。また、益する人に感謝するなら、当然、害する人には怒るべきであり、じっさいそうする。このように私が抱く反応的情動は私のなかで首尾一貫しており、合理的パターンを形成している。

ヘルムによれば、この合理的パターンは個人内だけではなく、個人間にも及ぶ。私を害したあなたに私が怒れば、あなたは罪悪感を抱く。私が怒っているのに、あなたが喜ぶことはない。もし喜ぶなら、それは不合理な情動である。あなたが合理的な情動を抱くかぎり、あなたは罪悪感を抱く。また、私があなたに怒るなら、他の人たちはあなたに義憤を抱く。私の怒り、あなたの罪悪感、他の人たちの義憤は、互いに一貫しており、合理的なパターンを形成している。このように反応的情動は個人内だけではなく、個人間でも合理的なパターンを形成するのである。

ヘルムはさらに、反応的情動がこのような合理的パターンを形成するのは、その根底にそれらに共通の「焦点」があるからだと言う[*4]。あなたが私を害したときに私が怒るのは、あなたが私の尊厳を重んじなかったからである。また、私の怒りにたいしてあなたが罪悪感を抱くのは、あなたが自分を尊厳ある人と見ているからである。さらに他の人たちがあなたに義憤を覚えるのは、他の人たちが私とあなたを尊厳ある人と見ているからである。このように人間の尊厳を共通の焦点として、私の怒り、あなたの罪悪感、他の人たちの義憤が形成される。これらの情動が互いに一貫した合理的パターンを形成するのは、それらが人間の尊厳を共通の焦点として形成されるからである。*5

私たちの道徳的実践は、人間の尊厳を共通の焦点として形成される反応的情動を基軸にして営まれる。道徳的実践に合理的な一貫性を与えているのは、そのような反応的情動の合理的パターンなのである。

## 反応的情動の二人称性

私たちの道徳が反応的情動に基礎を置くとすれば、それが二人称的であることも容易に理解できよう。というのも、反応的情動は明らかに二人称的だからである。私の足を踏んづける人に「足をどけてくれ」と怒って言うとき、私の怒りは私の足を踏んで私に苦痛を与えているまさにその相手に向けられている。私は足を踏まれた直接の被害者として、この怒りを相手に向けることによって、相手に足をどけるべき理由を差し向けている。相手に怒りを向けることがそのまま相手に二人称理由を差し向けることなのである。私の怒りにたいして相手が「すまない」と言って謝罪の気持ちを示すのもそうである。相手は足を踏んだ加害者として、この謝罪の気持ちを私に示すことによって、私に赦すべき理由を差し向けている。私に謝罪の気持ちを示すことがそのまま私に二人称理由を差し向けることなのである。

このように反応的情動は明らかに二人称的である。道徳が二人称的であるのは、道徳がそのような二人称的性格をもつ反応的情動に基礎を置いているからである。もし道徳が反応的情動を基礎としないなら、道徳が二人称的性格を維持するのは困難であろう。私の足を踏んづける人に「足をどけてくれ」と知的に言う。そこにはいかなる情動も示されない。ただ知的に言う。それでも、私は相手に足をどけることを要求しており、それゆえ足をどけるべき理由を相手に差し向けている。たしかにそうであろう。しかし、このような知的な言明はその二人称的性格を失いやすい。「足をどけてくれ」と知的に言うだけでは、私が相手に要求を突きつけていることがあまりはっきり示されない。それゆえ、そこで示されるのは「私は足を踏まれて痛いのだ」という事実だけになりやすい。つまり、私の要求ではなく、苦痛の事実しか示されないのだ。しかし、そうなると、もはや二人称的性格が維持されなくなる。もちろん、苦痛の事実を相手に示すことで、相手に足をどけてもらうことができるだろうが、それは第1節で見た足をどかせる一番目のやり方であり、二人称理由を差し向ける二番目のやり方ではない。

知的に二人称理由を差し向けるだけでは、道徳は相手への要求という二人称的性格を喪失して、たんに苦痛に対処するだけの三人称的なものに転化しやすい。三人称的になってしまった道徳はもはや私たちが現に実践している道徳とは言えないだろう。私たちの道徳的実践がその二人称性を維持するためには、反応的情動に基礎を置いて道徳を実践する必要がある。私たちの心理的な本性からすると、私たちの道徳的実践には反応的情動が不可欠なのである。

注

＊1　このような「私たち」は共同で行為し、それゆえ共同で責任を負い、共同で責任を追及するような「私たち」と考えることができるかもしれない。共同行為およびその主体としての「私たち」については、多くの議論がなされているが、なかでもGilbert 1989は興味深い。

＊2　しかし、今日では、私たちの道徳はかなり三人称化しているように思われる。とくに法に基づいて行われる場合はきわめて三人称的である。ダーウォルが道徳の二人称性を強調するのも、そのような三人称化の進行によって道徳がその本来の姿を失うことを危惧してのことではないかと思われる。

＊3　第3章で見たように、ヘルムによれば、反応的情動に限らず、情動は一般に一貫したパターンを形成する。しかも彼はさらに、そのパターンが情動にとどまらず、情動と価値判断と欲求を含む全体に及ぶと言う（Helm 2010）。

＊4　これは反応的情動に限ったことではない。一般に、情動が合理的パターンを形成するということは、その根底にそれらに共通の焦点あるということである（Helm 2010）。

＊5　もっとも、ヘルムによれば、まず共通の焦点があり、それによって合理的パターンが形成されるのではなく、共通の焦点と合理的パターンはいわば対等である。つまり、共通の焦点があるということは、合理的パターンがあるということであり、合理的パターンがあるということは、共通の焦点があるということなのである（Helm 2010）。

# 第Ⅲ部　生きる意味と情動

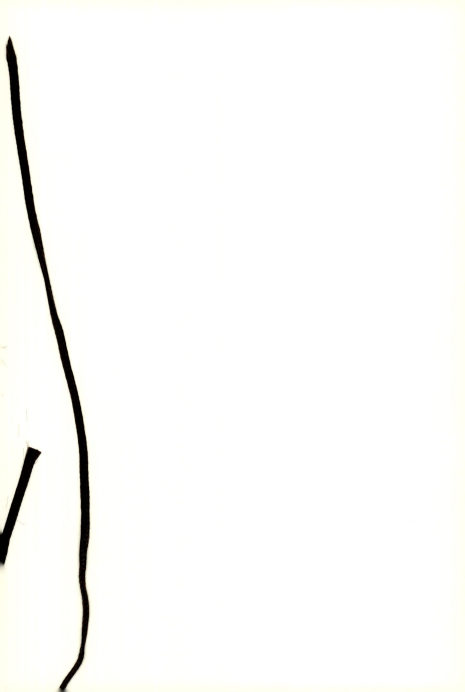

「飲み物は何になさいます」。美香は笑顔で乗客に尋ねる。彼女は客室乗務員だ。飲み物だけではなく、食事のサービス、機内販売も行う。それに「毛布がほしい」、「水がほしい」、「おしぼりがほしい」とつぎつぎと乗客から要望が出る。美香はもうぐったりだ。それでも、乗客のまえでは、けっして笑顔を絶やさない。それが彼女の仕事だ。

嫌な客もいる。偉そうにワインをもってこいと言う。しかも、一杯飲み干すと、すぐまた、つぎを要求してくる。「いったい何杯飲む気だ」。心の声が叫ぶ。それでも「かしこまりました」と笑顔で応対する。これも仕事だ。本当にそうか。そうだと思うしかない。そう思うように訓練を受けた。

最初のうち美香は、過労のときや嫌な客にたいして笑顔を見せなければならないのが辛くて仕方がなかった。喜ばしく感じないのに、それどころかとても嫌な感じがしているのに、それでも喜ばしく感じているかのように笑顔を見せなければならない。情動を演じること、しかも偽装して演じることが辛いのだ。自分が本当に感じていることをそのまま表出できたら、どんなにすっきりするだろう。

しかし、仕事に慣れてくると、美香は次第に、過労のときや嫌な客にたいしても、自然に笑顔を見せることができるようになってきた。そもそも、過労であっても、嫌な客にたいしても、それほど強く嫌な感じを抱かなくなってきた。いや、それどころか、どんなときにも、客に接すると喜ばしい感じがするようになってきた。だからこそ、自然に笑顔が出てくるようになったのである。彼女もようやく一人前の客室乗務員になったのだ。

当初は辛い情動の演技であったものが自然な情動になる。これで美香の情動の問題は見事に解決されたようにみえる。しかし、本当にそうであろうか。美香は、過労であっても、嫌な客にたいしても、自然に喜びの情動を抱くことができるようになった。しかし、自然に喜びの情動を抱けるようになったからといって、そのような情動を抱いていて本当によいのだろうか。過労なのだから、また嫌な客に接しているのだから、当然、嫌悪の情動を抱くべきではないのだろうか。客室乗務員の仕事としては、そのようなときにも喜びの情動を抱いて、笑顔で客に接するのがよいのかもしれない。しかし、人間らしく生きるうえでは、嫌な状況なのだから、嫌悪の情動を抱くべきではないだろうか。状況に相応しい情動を抱いて、それをありのままに表出することが、人間らしい生を送るうえでとても重要なのではないだろうか。

　たしかに情動の表出を控えなければならないときもある。しかし、それは不適切な情動を抱いたときである。葬式のように悲しい状況で、喜びがこみ上げてきてしまったとすれば、当然、それを顔や声に出すことは控えるべきだろう。そしてそもそもそのような不適切な情動を抱かないようにするために、自分の情動傾向を根本的に鍛え直すべきだろう。しかし、状況に相応しい情動を抱いたときは、それを素直に表出すべきである。それによって何らかの不都合が生じるとしても、その不都合は何か特別な事情でもないかぎり、情動の表出を控えることによってではなく、それとは別の仕方で解決されるべきだ。情動は適切なのだから、そうである以上、それは特別な事情がないかぎり、表出されるべきである。

　客室乗務員のようなサービス業においては、仕事の性質上、情動やその表出の制御がきわめて重要なこととしてとくに強く求められる。それゆえ、そのような仕事は「感情労働」とよばれる。[*1] しかし、感情労働において求められる情動やその表出は、人が人間らしく生きるうえではきわめて有害であるように思われる。その有害さは、厳密に言えば、いったい何に存するのであろうか。なぜ感情労働における情動のあり方は人間らしい生を損なうのだろうか。人間らしい生を守るためには、サービス業における情動はどのようなものでなければならないのだろうか。そして情動がそのようなものになったとき、サービス業はいったいどのようなものになるのだろうか。以下では、これらの問題を考察していきたい。

## 1　感情労働とは何か

一九七〇年代に米国で客室乗務員の仕事にかんする調査研究が行われた。これが感情労働研究の始まりである。この研究の結果は、Ａ・Ｒ・ホックシールドによりその著『管理される心――感情が商品になるとき』にまとめられ、公刊された（Hochshild 1983）。これにより感情労働が広く知られるようになるとともに、その後の活発な研究を招来することとなった。ここで問題にされる感情労働とは、ホックシールドの著書の題名がよく示しているように、自分の情動を自分で管理させられ、その管理した情動（たとえば笑顔）をいわば商品として売ることで利益を得るような労働である。ここでは情動の管理が決定的な鍵を握る。そこで、感情労働とは何かをよりよく理解するために、感情労働における情動の管理がどのようなものかを少し詳しく考察してみよう。*2

### 強いられる情動

感情労働の一番辛いところは、情動を強いられることであろう。嬉しくないのに、嬉しそうにしなくてはならない。ちっとも尊敬していないのに、心から尊敬しているように見せなければならない。すごい人だと感じないのに、褒めそやさなければならない。感情労働に従事する人は、自然に湧いてくる自分の情動を抑えて、その場で求められる情動を無理に抱かなければならない。あるいは、少なくとも、そのような情動を抱いているかのように見せなくてはならない。それはたしかに辛いことである。

では、なぜ感情労働においては、自然な情動を抑えて、不自然な情動を示さなくてはならないのだろうか。なぜそのような情動の管理が要求されるのだろうか。それはもちろん、情動の管理が雇用者の利益につながり、ひいては従業員の利益につながるからである。店員が無愛想な顔をしていれば、店に客が寄ってこない。店の売り上げが下がり、店員の給料も下がる。店員は解雇されるか、店がつぶれて失業する。そうなるのが眼に見えている。だから、いやいやでも、店員は客に笑顔を示さなければならない。店主も、店がつぶれては困るから、店員に笑顔を見せることを要求する。新米の店員には、どんな状況でも笑顔を絶やさないように訓練しさえする。こうして雇用者と従業員の利益のために、情動の管理が要求され、不自然な情動が求められるのである。

では、利益のために求められる情動が強いられたものでなく、ごく自然なものになれば、それでよいのだろうか。仕事に慣れてくれば、理不尽な要求をしてくる客であっても、仕事だと思って自然に笑顔で応対できるようになってくるだろう。仕事でなければ、当然、理不尽な要求をしてくる人には怒りを覚えるが、仕事であれば、とくに怒りを感じることもなく、笑顔を見せることができる。つまり、仕事かどうかで、切り替えができるのだ。仕事であれば、仕事人モードになるようにし、そうでなければ、常人モードになる。いや、それどころか、さらに慣れてくると、強いて切り替えることさえ必要なくなる。仕事になれば、おのずと仕事人モードになるのだ。このように雇い主と自分の利益のために要求される情動が何の強制も感じず、まったく自然なものになれば、そのような情動を抱くことがけっして辛いことではなくなるだろう。おのずと湧き上がる情動に身をまかせ、おのずとその情動を顔に出せばよい。何も辛いことはない。

しかし、辛いことでなくなりさえすれば、それでよいのだろうか。感情労働で求められる情動がとくに苦痛を感じずに自然に抱けるようになれば、それで問題はなくなるのだろうか。そうではなく、たとえそうなったとしても、そのような情動を抱くことには何か根本的な問題があるように思われる。感情労働において問題になるのは、たんにある種の情動を強いられるということではなく、強いられようと強いられまいと、そのような情動を抱くことそれ自体が問題なのではないだろうか。情動を強いられるということが問題の本質でないことを、医師の感情労働にそくして見ておこう。

## 医師の感情労働

今日では、接客業に従事する人たちだけではなく、医師もまた、聖職者や教師などとならんで、感情労働に従事する人とみなされる。今日の医師は、かつての医師がそうであったかもしれないように、患者が言うことを聞かなければ、ただ叱りとばしていればよい、というわけではない。患者の言うことに真摯に耳を傾け、病状をわかりやすく説明したり、患者の納得のいく治療方針を示したりしなければならない。たとえ患者が無茶な要求をしてきても、けっして怒ったりせず、その要求が理に適っていないことを丁寧に説明し、患者に納得してもらわなければならない。接客業の従事者と同じく、医師も情動の管理を求められ、ときに不自然な情動を強いられる。今日では、医師の仕事もサービス業になったのである。

しかし、医師の仕事を本当に接客業と同じサービス業とみなしてよいのだろうか。患者は客なのだろうか。医師の仕事と接客業のあいだには重要な違いがあるように思われる。たしかに医師にも、自然な情動を抑えて、求められる情動を示さなければならない場合がある。「飲みたいだけお酒を飲んでも、糖尿病が悪くならないように、先生、何とかならないでしょうか」と患者が言っても、「何を言っているのですか」と頭にきて叱りとばすのではなく、患者に共感を示しつつ、その要求を満たすことがいかに不可能かを納得させてあげなければならない。しかし、それはたんに、そうしなければ、患者が自分のところに来なくなってしまって、収入の道を閉ざされるからではない。むしろ、病のために好きなお酒を制限しなくてはならない患者の苦境に深い共感を示すことが、患者を治療する医師にとってまさになすべきことだからである。ここでは、たとえ強いられたものであれ、共感を抱くことがまさになすべきことであり、それゆえ適切なことなのである。

そうだとすれば、無理やりではなく自然に共感を抱けるようになれば、もう何も言うことはないだろう。医師が自然に共感を示すことができず、むしろ怒りを抑えて、無理やり共感を示さなければならないとすれば、それはその医師がまだ十分一人前の医師になりきれていないからである。たしかに怒りにまかせて叱りとばすよりはよほどましであるが、自然に共感を抱くことができないというのは、医師としてまだ修行が足りない。立派な医師であれば、おのずと共感が湧いてくるはずだ。そして自然に共感を抱けるようになれば、それでもう何も問題はない。最初のうちは、おのずと湧き起こってくる怒りを抑えて、無理に共感を示さなければならなかったとしても、やがて自然に共感が湧いてくるようになれば、それですべてよしである。そのとき、医師はまさに自分が抱くべき共感を自然に抱いているのである。

それにたいして、接客業の場合には、不当な要求をしてくる客にたいして笑顔で応対するのは不適切である。そのような客には、たとえ客であっても、毅然とした態度で怒りを示さなければならない。不当なことには怒りで応答すべきである。不当なことに喜びで、あるいはその演技で応答してはならない。不当なことには、それに相応しい情動で応答しなくてはならないのだ。医師の場合には、理不尽な要求をする患者にも共感を抱くことが、状況に相応しい情動であった。しかし、接客業の場合には、理不尽な要求をする客に喜びを抱くことは、状況に相応しい情動でない。それは不適切な情動である。そのような不適切な情動を抱かなければならないからこそ、接客業は感情労働なのである。

しかしそうすると、医師の仕事は、本当は感情労働ではないのだろうか。未熟な医師はたしかにある一定の情動を強いられるが、その情動は医師として当然抱くべき適切な情動である。そうだとすれば、医師の仕事は接客業とちがって、本当は感情労働ではないように思われる。しかしそうだとすると、なぜ今日においては、医師の仕事は感情労働だとみなされているのだろうか。

それは、今日においては、医師の仕事にも接客業的な側面が色濃くなってきたからであろう。医師の仕事は本来患者を治すことである。あるいは、少なくとも、患者の苦痛を緩和することである。しかし、医師もまた、生きるために収入を得なければならない。そのために患者を確保しなくてはならない。しかし、他にも医師はたくさんいる。おのずと患者の奪い合いになる。腕が良ければ、それだけで患者が集まるというわけではない。患者のご機嫌を取らなければならない。こうして医師もまた、生きる糧を得るために嫌でもある種の情動を示さなければならなくなる。たとえそれが不適切な情動であったとしても、生きるためにはやむをえないのだ。こうして医師の仕事もまた、感情労働になりさがるのである。

医師の仕事は本来、感情労働ではない。それは患者を治療することであり、そのために必要な情動を抱かなければならないことはあっても、不適切な情動を抱く必要はない。しかし、このように言えば、接客業も本来、感情労働ではないのではないかと思われよう。そのとおりである。患者が治療を求めるように、私たちはより良い人生のために、客としてもてなしを受けることを望んでいる。それは人生を豊かにしてくれるものだ。接客業の従事者はそのような豊かな人生を客に提供するのがその仕事である。そのために適度な笑顔も必要となる。そうであれば、客に喜びを抱き、笑顔を示すことは、その場に相応しくない不適切な情動ではなく、まさに適切な情動である。それは医師が患者に示す共感と同じである。そうだとすれば、接客業もまた、本来は感情労働ではないのである。

接客業は過度な顧客争奪戦のために感情労働になってしまった。そこでは、本来必要とされる適切な情動だけではなく、生きる糧を得るために必要な不適切な情動も求められるようになった。医師の仕事もそうである。それも患者の獲得競争のために感情労働になってしまった。医師も生きるために必要な不適切な情動を示さなければならなくなったのである。感情労働であるかどうかにとって決定的に重要なのは、情動を強いられるかどうかではなく、状況に相応しくない不適切な情動を抱かなければならないかどうかということなのである。

## 2　隷属性

感情労働は不適切な情動を抱くことが不可欠であるような労働である。それはその点ですでに悪い労働である。しかし、そのような情動を抱かなければ、給料がもらえない。そうであれば、感情労働をするのも仕方がない。それは生きるためにやむをえない必要悪ではないだろうか。たしかにそうかもしれない。しかし、そう結論を急がずに、まずは感情労働がいったいどんな害をもたらすのかを少し詳しく考察してみよう。感情労働は不適切な情動を抱くことを要求する労働であるが、そのような不適切な情動を抱くことは私たちにいったいどんな害を及ぼすのだろうか。

### 無用なサービスの謎

感情労働によって私たちに提供されるサービスは、たいてい私たちにとって有用であり、それを受けることは有難いことである。だからこそ、その対価を私たちは支払うわけである。しかし、なかには、私たちにとってあまり有用でないサービスもある。たとえば、高級なレストランに行くと、テーブルに着席するときに、ウェーターが椅子を後ろに引き出してくれることがある。しかし、それくらいのことは自分でやれるし、ウェーターにやってもらう必要はない。それゆえ、やってもらったからといって、さして有難いとは思わない。むしろ「ご苦労様なことだ」と内心つぶやく。

さらに無用なサービスのなかには、有難くないどころか、有難迷惑なものさえある。高級な旅館では、従業員がずらりと玄関に並んで出迎えてくれることがある。そんなことをしてもらっても、自分にとって何か有用だというわけではない。そうしてもらわないと、不愉快だということもない。一人か二人、出迎えてくれれば、それで十分だ。むしろ、そのように満面の笑顔でずらりと並ばれると、いかにも照れくさい。はっきりいって有難迷惑だ。「参ったね、これは」と内心つぶやく。

なぜこのような無用なサービスが存在するのであろうか。無用であり、さらには有り難迷惑でさえあるのだから、そのようなサービスはすぐに消えてなくなるはずだ。それなのにどうして存在し続けるのだろうか。

## 優越性の承認欲求

無用なサービスが存在する理由について、ブルーワーが隷属性の商品化という観点から興味深い提案を行っている（Brewer 2011: 280-5）。私たちは誰しも他人に認められたいという欲求をもつ。たとえ能力や容姿の点で劣っていたとしても、一人の人間として他の人たちと同じ尊厳や価値を有するはずだ。そうである以上、そのような尊厳や価値を人々に認めてほしい。そう強く思う。しかし、私たちは他人にそうした対等な尊厳や価値を認めてほしいと思うだけではなく、往々にして自分の優越性を認めてほしいと思う。私はあなたたちより優れた人間であり、あなたたちは私を「すごい人だ」と仰ぎ見なければならない。このような優越性の承認欲求こそが無用なサービスの存在理由である。そうブルーワーは主張する。無用なサービスは優越性の承認欲求を満足させるからこそ存在するのだというわけである。

そう言われれば、たしかにウェーターに椅子を引いてもらうと、自分が偉くなったような気がする。ウェーターは自分を高貴な存在と見て、敬っているのだ。悪い気はしない。また、旅館の従業員がずらりと並んで出迎えてくれると、あたかも自分がＶＩＰにでもなったかのような感じがする。「やあやあ、ご苦労、ご苦労」と思わず上から目線でねぎらいの言葉をかけたくなる。無用なサービスはじつはたいへん有用なのだ。それは自尊心を強く満足させてくれる。

優越性の承認欲求を満たすために、無用なサービスは存在する。しかし、それは無用なサービスだけではなく、有用なサービスにも当てはまる。有用なサービスであっても、それが感情労働であるかぎり、不適切な情動を抱かなければならないが、そのような情動を抱く必要があるのは、顧客の優越性の承認欲求を満たすためである。感情労働という忌まわしい労働形態が存在するのは、優越性の承認欲求があるからなのである。

このように考えると、いろんなことがよく理解できるとブルーワーは言う。たとえば、感情労働において従業員が客を笑顔で迎えるのは、客の来店そのものを喜んでいるからではなく、たんに賃金を得るためにすぎないことは、客の側もよくわかっている。それでも、客は笑顔で迎えられると、嬉しく感じてしまう。[*3] どうしてだろうか。それは、自分のおかげで生きていけるのだということを店員が認めているようにみえるからである。つまり、自分の優越性が店員に承認されているようにみえるのであり、それゆえ客は店員の笑顔をついつい嬉しく感じてしまうのである。

そうだとすると、店員の笑顔は自発的よりは、むしろ無理やりのほうがよい。自発的に笑顔を見せるのであれば、それはたんに客の来店そのものを店員が喜んでいることを示すだけで、店員が客の優越性を認めていることを示さないかもしれない。笑顔など見せたくないのに、それでも客から生きる糧を得るために、仕方なく客に笑顔を見せるのでなければならない。そのような笑顔こそが客の優越性の承認を明瞭に示すのであり、それゆえ感情労働として有効なのである。[*4]

また、ロボットが感情労働に適さないことも、容易に理解できる。ロボットに笑顔で迎えられても、ちょっと違和感を覚えるだろう。たしかに私たちは笑顔には反射的に快を感じるようになっているので、ロボットに笑顔を見せられても、快く感じてしまうだろう。しかし、何か違うとも感じる。自動販売機でコーヒーを買ったときに、自動販売機が「有り難うございます」と声を出すことがあるが、ロボットの笑顔はそれに似た違和感を抱かせる。この違和感の正体は、ロボットは人間ではないのだから、自分との優劣が問題になるような存在ではないということであろう。ロボットに優越感を抱くことは意味をなさない。ロボットの笑顔はそのような無意味なことを感じさせようとする。そこに違和感が生じる。感情労働は優劣が問題となるような人間のあいだでのみ意味をなすのである。

## 奴隷根性

感情労働が優越性の承認欲求を満たすために存在するのだとすれば、その有害さは感情労働に従事するものに不当な卑下を強いるところにあると言えよう。店員がお客の優越性を承認するということは、逆に言えば、店員が自らの劣等性を認めるということである。しかし、店員も人間である以上、お客と同等の尊厳や価値を有するはずである。そうであるにもかかわらず、生きるために自分を卑下して、客の優越性を承認しなければならない。客への笑顔は、店員がそのような不当な卑下を強いられていることを示している。感情労働はそれに従事する者の尊厳を汚しているのである。

しかし、感情労働の有害さが自己卑下の強制にあるとすると、客にたいして自然に笑顔が湧いてくるような店員にとっては、笑顔を示すことはとくに有害ではないのだろうか。お客が来れば、自然に笑顔がこぼれる。自分を卑下するわけでも、客に媚びるわけでもない。ただただ自然に笑顔が湧いてくるのである。

このような笑顔がお客に自分と同等の尊厳（人間なら誰しも有するような尊厳）を認めるだけのものなら、それはたしかに有害ではないだろう。それは人間として当然のことであり、その当然のことをなすだけであるから、有害であるはずがない。しかし、最初は無理して客に笑顔を見せていた店員が、やがて慣れてきて自然に笑顔を見せることができるようになったとき、その笑顔は自然に湧いてくるとはいえ、けっしてたんに客に自分と同等の尊厳を認めるだけのものではない。その笑顔の根底には、客への媚びがある。たとえ店員がそれを意識していなくても、そのような媚びがある。客にたいして自然に笑顔を見せることができるようになるということは、客にたいして自然に媚びを売ることができるようになるということである。それは客への隷属性の証であり、店員が客にたいして奴隷根性を身につけてしまったことを物語るのである。

感情労働が無理なく自然に行えるようになるというのは、一見、ストレスや苦痛から店員を解放するようにみえる。しかしじっさいには、無理して感情労働を行うことよりも、さらに深く店員の尊厳を傷つけるのである。それは一時的に尊厳を傷つけるのではなく、半永久的に傷つける。それはようするに隷属性の内面化なのだ。こうして感情労働は、無理やり情動を強いられるのであれ、自発的にそれが湧いてくるのであれ、ともかく人間の尊厳を傷つけるという点できわめて有害なのである。

## 3　自己洗練の妨害

ブルーワーは人間の対等な尊厳を傷つける点に感情労働の害を見いだす。しかし、非常に興味深いことに、彼は感情労働の害がそれに尽きるわけではなく、もっと深い根源的な害があると主張する。それは生きることの本当の意味に目覚めていくのに必要な「自己洗練」を妨げることである。ブルーワーはこの感情労働の根源的な害をカズオ・イシグロの小説『日の名残り』(イシグロ 2001) の主人公スティーブンスを引いて印象的に示している (Brewer 2011: 293-5)。

## 執事スティーブンスの感情労働

スティーブンスはイギリス政界の名士ダーリントン卿に仕える執事である。彼は卿の屋敷ダーリントン・ホールで執事の仕事を完璧なまでに見事に遂行していた。その仕事ぶりは、彼の父が死の床に着いていたときでさえ、集まった来客にいつもの手厚いサービスを怠らない徹底したものであった。彼は立派な執事には「尊厳」というものがなければならず、その尊厳とはどんな私事にも左右されずに己の職分をまっとうすることだと考えた。

しかし、このような徹底した仕事への献身により、スティーブンスは同じダーリントン・ホールで働く女中頭のミス・ケントンが彼に寄せる思いに気づかないままに終わってしまう。彼はミス・ケントンが彼に強い恋心を示しているにもかかわらず、しかもそれに応じて彼自身も彼女に強い情動を抱いているにもかかわらず、その情動が何であるのかを突きとめようとせず、それゆえ彼女の恋心を明瞭に認識しようとはしなかった。それは彼女への愛が執事としての自分の仕事を妨げると暗に考えて、無意識のうちにその愛を自分に許そうとしなかったからである。彼は、ミス・ケントンが彼への思いを受け入れてもらえずに悲痛な涙を流しても、それに戸惑いを覚えるだけで、自分の情動の正体を明らかにしようとしなかった。それどころか、彼はその戸惑いを断ち切って、自分は執事だという決然たる思いに立ち返り、「大きな勝利感」が心の奥底から湧き上がってくるのを感じるのである。

スティーブンスは一見、執事の鑑のようにみえる。彼がミス・ケントンの思いに明示的には気づかなかったことはたしかに悲劇的ではあるが、それはけっして彼がそのために非難を受けねばならないことではないように思える。しかし、ブルーワーは彼を厳しく非難する。スティーブンスはミス・ケントンの思いを受けて、自分も彼女への強い情動を抱きながら、それでもその正体を明らかにしようとはしなかった。彼が自分の情動の正体を深く問い、それを明らかにしていれば、彼は当然ミス・ケントンの思いにも明示的に気づき、彼女との関係は根本的に違ったものになっていただろう。

たしかにスティーブンスが自分の情動を明示的に理解し、ミス・ケントンの思いをはっきり認識するようになったとしても、彼が彼女の思いを受け入れたとは限らないだろう。彼はそれでもなお、ミス・ケントンとの関係よりも、執事として完璧な仕事を遂行することのほうを自分にとって重要なことだと思って、彼女との関係を断ち切ったかもしれない。しかし、たとえそうであったとしても、彼が自分の情動を明示的に理解したうえでそうしたということがここでは重要である。ブルーワーが彼を非難するのは、彼がミス・ケントンとの関係よりも執事の完璧な仕事を選んだからではなく、彼が自分の情動を明らかにしようとしないまままそうしたからである。執事の仕事は人間としての対等な尊厳を傷つけるから、ミス・ケントンとの関係より執事の仕事を選ぶことは間違っているかもしれないが、ブルーワーがここで問題にするのはその点ではない。それよりもはるかに深い根源的な問題が存在するのであり、それはスティーブンスが自分の情動を明らかにしようせず、それゆえ自分の置かれた価値的な状況を明示的に理解しようとしなかったことである。このような自己洗練の欠如こそが問題なのである。そしてブルーワーに言わせれば、執事という感情労働がスティーブンスの自己洗練を妨げたところに、感情労働というものの根本的な害が存在するのである。

## 情動の明確化

ブルーワーは私たちが自分の情動を明確にして、自分の置かれた価値的状況を明瞭に理解することをとくに重要だと考える。しかし、なぜそのような自己洗練がそれほど重要なのだろうか。それを理解するためには、ブルーワーの考える自己洗練がどのようなものかをもう少し詳しく見ておく必要がある（Brewer 2011: 285-292）。

私たちはさまざまな状況において、いろいろな情動を抱く。しかし、そのような情動のなかには、それがいったいどのような情動なのかがはっきりしないものもある。ヘビを見て恐怖を抱く場合には、自分の情動がどのようなものかはただちに明らかだが、愛や憎しみ、嫉妬などの場合には、必ずしもそうではない。ミス・ケントンにたいするスティーブンスの情動はそのような不明確な情動の典型的な例であろう。そして情動がまだ萌芽的で不明確なときには、自分がどのような価値的状況に置かれているのかも不明瞭である。自分が相手に抱く情動が愛なのかどうかがはっきりしなければ、相手が自分にとって特別大事な人なのかどうかもはっきりしない。

では、自分がどんな情動を抱いているのかを明瞭に理解するためには、どうすればよいのだろうか。自分の情動なのだから、自分の心のなかをしっかり見つめればよいのだろうか。そうではない、とブルーワーは言う。私たちは自分の情動を知ろうとするとき、自分の心をのぞき見るのではなく、自分がどんな価値的状況に置かれているのかをはっきりと認識しようとする。つまり、心に眼を向けるのではなく、外の世界に眼を向けるのだ。そして自分がどんな価値的な状況に置かれているかがはっきりわかれば、それと同時に、自分がどのような情動を抱いているのかも明瞭に理解できるようになる。

しかし、そうすると、自分の置かれた価値的状況を他人に教えてもらうことができるような場合には、そうしてもかまわないのだろうか。自分がどんな価値的状況に置かれているかは自分よりも他人のほうがよくわかることがある。じっさい、他人に言われてはじめて自分の情動に気づくこともある。そのような場合には、自分の情動がどのようなものかを理解することを他人に委託してもかまわないのだろうか。明らかにそうではないだろう。ここで求められているのはたんなる知識ではない。つまり、他人の情動を知るのと同じ仕方で、自分の情動を知ることではない。そのようなたんなる知識ではなく、自分にしか可能でないような特別な仕方で、自分の情動を知ることである。私たちは自分の痛みを自分にしか可能でないような特権的な仕方で知ることができるが、それと同じような特権的な仕方で情動を知るのである。情動が意識的で明確であれば、私たちは自分の情動をそのような仕方で知ることができる。他人に言われて自分の情動を知る場合は、そのような特権的な仕方で知ることにはならない。もちろん、他人に言われて、自分の情動にはっと気づくこともある。そのような気づきがあれば、ここで問題にしている自分の情動の特権的な知ということになる。

自分の情動を明瞭に理解するということは、自分の情動を十分に意識的で明確なものにするということである。私たちが自分の置かれた状況をはっきり認識して、自分の情動を明瞭に理解するとき、自分の情動もまた十分意識的で明確なものとなる。価値的状況の明示的な認識、情動の明瞭な理解、情動の明確化、これらはお互いに相即的で不可分な関係にある。[*5]

ブルーワーの言う自己洗練とは自分の抱く情動をこのような意味で明確化することである。それは自分の置かれた価値的状況についての明示的な認識を形成するとともに、その状況を捉える意識的で明確な情動を形成することである。私たちはそうすることで、自分が人間として生きるうえで真に重要なものが何であるのかを悟り、それを成就することが可能になってくる。まさにここに自己洗練の重要性がある。感情労働が有害なのも、そのような自己洗練を妨げるからである。感情労働は自分の情動を生存のための手段にしてしまうことで、情動の本来の働きを妨げる。情動はそれの明確化を通じて人間としての本来の価値を見いだし、その価値を成就することを可能にすることがその本来の働きであるが、感情労働はそれを妨げるのである。

## 4　脱出の道

感情労働は自分の情動を生きるための手段にしてしまうことで、情動の明確化を通じて人間としての真の価値を悟るのを妨害する。これが感情労働の害にかんするブルーワーの見解である。それは基本的には正しいように思われる。しかし、執事のスティーブンスの例を見ると、一つ重要な疑問が浮かんでくる。スティーブンスはきわめて有能な執事であり、執事に求められる諸情動、たとえば主人への深い尊敬や客への厚いもてなしの気持ちをしっかりともっていた。しかし、そのような情動がミス・ケントンにたいする自分の情動を明確化することを妨げた。そこに執事としての感情労働の根源的な害があるとブルーワーは言う。たしかにそこに深刻な害があることは疑いないだろう。しかし、それよりもさらに根本的な問題がそこにはあるように思われる。すなわち、そもそも執事に求められる情動をスティーブンスが明確化できなかったことである。その情動を明確化できていれば、当然、彼はミス・ケントンへの情動も明確化できたであろう。

感情労働のもっとも根源的な問題は、そこで求められる情動がその他の情動の明確化を妨げるということではなく、そこで求められる情動そのものが明確化を妨げられるということであるように思われる。感情労働という労働形態は、そこで要求される情動がどのようなものであるかを明確化することを妨げるのだ。感情労働は自分の情動を生きるための手段にしてしまうが、それが有害であるのも、そうすることでその情動をやむをえないものとしてあきらめさせ、それ以上それを明確化しないようにさせるからである。

感情労働はさらに、そこで要求される情動の明確化を妨げるだけではなく、そうすることでその情動がじつは不適切だということの自覚化も妨げる。感情労働の従事者は最初のうちは、要求される情動を抱くことに違和感や嫌悪感を抱くであろう。そのような違和感や嫌悪感は要求される情動の正体を明確化する重要な手がかりとなるものである。しかし、感情労働はそのような違和感や嫌悪感を抑圧して、むしろ要求される情動を内面化するように仕向ける。こうして最初は嫌々の強いられた情動であったものが、自発的に湧いてくる自然な情動になる。それは自己欺瞞的に抱かれた情動であり、それ自身の正体を明確化する手がかりを奪われてしまった情動なのである。

スティーブンスは完璧な執事であった。彼は執事として要求される情動をすべて自然に抱くことができた。しかし、そのことはとりもなおさず、彼がそのような情動を明確化するいっさいの手がかりを失ってしまったということである。彼にとってそのような情動は違和感や嫌悪感を覚えるどころか、誇らしくさえあるものだ。それは彼の執事としての尊厳を根底から支えている。しかし、そうであるからこそ、彼はその情動をそれ以上明確化することができず、その正体に気づくことができないのだ。こうして彼は人間としての真の価値に目覚めることができないまま、生涯を過ごすこととなる。

じつはスティーブンスにも、執事として彼に要求される情動を明確化する重要な機会が何度か訪れていた。しかし、結局のところ、彼はそれらの機会をうまく活かすことができなかった。彼が敬愛する主人のダーリントン卿が一度、大きな間違いを犯したことがあった。卿は二人のユダヤ人の召使いをユダヤ人だという理由だけで解雇してしまったのである。彼らは本当によく働く申し分のない召使いであった。そうであるにもかかわらず、ダーリントン卿は彼に植えつけられたユダヤ人への偏見のゆえに、彼らをユダヤ人だという理由だけで解雇してしまった。スティーブンスは彼らの解雇に内心では大反対であったが、そうであるにもかかわらず、卿への忠誠心から、解雇の決定に粛々と従った。女中頭のミス・ケントンが怒りを顕わにして解雇に反対しても、スティーブンスはそれに取り合おうとしなかった。彼はミス・ケントンに、自分たちは主人のダーリントン卿に反対する立場にはないと言って、あくまでも卿への忠誠心を貫き通そうとした。ミス・ケントンが怒りを顕わにして反対したことは、スティーブンスにとって、彼がダーリントン卿に抱いていた忠誠心を明確化して、その正体を悟る絶好の機会であったはずだ。しかし、彼はその機会を逸してしまう。彼の絶対的な忠誠心がその忠誠心を顧みることを絶対的に妨げてしまうのである。

感情労働のもっとも根本的な害は、それに求められる情動の明確化を妨げる点にある。求められる情動が自然に湧いてくるようになればなるほど、その害にどっぷりと浸かってしまうことになる。そこから脱出するには、抑圧された違和感や嫌悪感を探り出し、それを手がかりにして要求される情動を明確化しなければならない。つまり、要求される情動が真正性の欠如した欺瞞的な情動であることを暴き出さなければならない。そして自分が本来抱くべき情動、自分の置かれた価値的状況に本当の意味で相応しい情動を抱くようにしなければならない。そのような適切な情動を抱くようになること以外に、感情労働の根本的な害から脱出する道はない。もちろん、そのような適切な情動を抱くときには、感情労働はもはや感情労働ではなく、人間の本来の尊厳を尊重する望ましい活動となるだろう。感情労働の根本的な害から脱出することは、感情労働そのものから脱出することなのである。

## 注

＊1　本書では、基本的に「感情」という言葉ではなく、「情動」という言葉を用いているが、「感情労働」の場合はこの表現が定着しているので、「情動労働」ではなく、「感情労働」と言うことにする。

＊2　感情労働については、たとえば岸本 2012 や水谷 2013 がわかりやすく概要を伝えてくれる。

＊3　ただし、そうでないこともある。マクドナルドがロシアに初めて出店したとき、モスクワの客は店員の笑顔に馬鹿にされたように感じたという話をブルーワーは引用している (Brewer 2011: 280)。

＊4　プロヴァインによれば、笑いは従属を表す役割を担い、その証拠にたとえば、女性は話し相手が女性より男性のときのほうがよく笑う (Provine 2000: 27-32)。

＊5　ただし、価値的な状況の明示的な認識と情動の明確化がずれることもある。その一例としてブルーワーはよく引用されるハックの例を出している。ハックは逃亡奴隷の友人ジムを奴隷主に返すべきだと明示的に認識しながらも、ジムにたいして明確な同情を抱いている。このように認識と情動の内容が一致しない場合、価値的な状況を明示的に認識しても、それとは一致しない情動が明瞭に理解されることになる。モランは、このような場合の情動はたんなる固執にすぎず、合理性の点で欠陥があると主張する (Moran 2001: 107-8)。しかし、ブルーワーはそれを批判して、認識と情動が一致しないとき、認識ではなく、情動のほうが正しいこともあると主張する。第3章第3節で述べたように、この点については、ブルーワーのほうに軍配があがると思われる。

# 第8章　情動価と経験機械

まるで夢のようだ。つぎつぎと斬新な論文が書け、発表するたびに絶賛される。しかも書くための苦労もまったくない。自然に素晴らしいアイデアが続々と湧いてきて、スイスイ書ける。じつに爽快だ。私の見事な仕事ぶりに彼女も大喜びで、何かと機嫌良く世話を焼いてくれる。満足至極だ。また、友人と会って議論をしても、刺激に満ちたやりとりに知的興奮が高まる。じつに痛快だ。

　このような好ましい情動に満ちあふれた人生は、さぞかし幸せであろう。反対に悲しみ、憎悪、嫉妬、罪悪感のような好ましくない情動に満ちあふれた人生は、非常に不幸であろう。情動には好ましいものと好ましくないものがある。好ましいものは正の情動とよばれ、好ましくないものは負の情動とよばれる。情動は世界の価値的なあり方を捉えるものであるが、その情動自体がまた価値的に評価され、正の情動と負の情動に大きく二分される。おおまかに言えば、正の価をもつ情動が多いほど、人生は幸福であり、負の価をもつ情動が多いほど、人生は不幸であろう。情動価は人生の幸不幸と深い関係がある。

ただし、人生の意味と幸福は必ずしも合致しないかもしれない。途方もない苦難の人生であっても、あるいはそうであるからこそ、大いなる意味を有する人生であるかもしれない。しかし、たとえそうだとしても、ただひたすら負の情動しかないような人生であれば、不幸なだけでなく、やはり無意味な人生だと言わざるをえないのではないだろうか。徹頭徹尾、受難の人生であったとしても、それが有意味な人生であったとすれば、必ず何らかの正の情動、たとえば受難に耐えることで得られる崇高な喜びのようなものがあるはずだ。人生の意味にとっても、情動価はけっして無縁ではない。むしろ深く関わっている。

正の情動に満ちあふれ、負の情動がいっさいない人生は、このうえなく幸せにみえる。現実においては、そんな人生はありえないとしても、かりにそのような人生があったとすれば、それは至上の幸福であるにちがいない。しかし、本当にそうであろうか。それに疑問を突きつける「経験機械」の思考実験がある。*1 経験機械はどんな経験も生み出すことができる装置だ。知覚であれ、感覚であれ、情動であれ、思考であれ、意思であれ、とにかくどんな経験でも生み出せる。それゆえ、正の情動だけに満ちあふれた心の状態を生み出すこともできる。このような経験機械に繋がれて、正の情動だけをひたすら経験するような人生を送ったとすれば、その人は幸せであろうか。冒頭で語ったような正の情動に満ちあふれた状態がじつは経験機械によって生み出されたものにすぎず、じっさいには論文も書けず、彼女には冷たくされ、友人も皆無だとすれば、それでも幸福だろうか。自分を取り巻く世界がどれほど悲惨であっても、正の情動で満たされていさえすれば、それで人は幸福なのだろうか。

幸福だと思う人は、よほど浅薄な人か、そうでなければ、かなり深く哲学的思考に毒された人であろう。ほとんどの人は、心が幸福な思いに満たされていても、周囲の世界が悲惨であれば、幸福ではないと思うであろう。しかし、どうしてであろうか。そんな状態は長続きせず、早晩悲惨な現実に気づいて、負の情動を味わうことになるからであろうか。もしそのように言われるのであれば、経験機械から一瞬たりとも切り離されることなく、生涯ずっと正の情動で満たされた状態が続くことにしよう。そうしてみても、やはり現実が悲惨であれば、幸福でないとほとんどの人が思うだろう。なぜ正の情動に満ちあふれるだけでは、幸福にならないのだろうか。

以下では、この問題に取り組むために、まず、情動価とは何かを考察する。情動のもつ正の価や負の価とは、結局のところ、何であろうか。それは情動が表す価値的なあり方や情動のもつ動機づけとどう関係するのであろうか。このような考察を通じて、情動価にかんする「価値表象説」を提唱する。つぎに、この説の信憑性を試すために、それが奇妙な情動をきちんと説明できることを示す。情動には、怖いもの見たさのように、負の情動であるはずなのに好ましいと思うものや、逆に快楽を嫌う禁欲のように、正の情動であるはずなのに好ましくないと思うものがある。情動価の価値表象説はこのような奇妙な情動について明快な説明を与えてくれる。最後に、情動価の価値表象説に基づいて、なぜ私たちには、経験機械によって生み出される正の情動に満ちあふれた状態が幸福であるようには思えないのかを明らかにしたい。

## 1　情動価とは何か

情動価については、快い情動を正とし、不快な情動を負とする説や、目標と合致する情動を正とし、合致しない情動を負とする説など、いくつもの説が唱えられている。プリンツはこれらの説を批判的に吟味したうえで、独自の「内的強化子説」を提唱している（Prinz 2004: 173-4、邦訳：297-300）。ここでは、このプリンツ説を批判的に吟味して、それに代わる「価値表象説」を提唱したい。

### プリンツの内的強化子説

強化子はある種の行動を強化する働きをするもので、正のものと負のものがある。正の強化子はそれを獲得する行動を促進し、負の強化子はそれを回避する行動を促進する。たとえば、おいしいワインはそれを飲む行動を増加させるし、まずいワインはそれを飲まない行動を増加させる。したがって、おいしいワインは正の強化子であり、まずいワインは負の強化子である。強化子は行動のあり方を変えるが、行動のあり方を変えることが学習であるから、強化子は学習を可能にする。

強化学習の理論では、強化子はふつう外界の刺激である。おいしいワインやまずいワインは外界の事物であり、私たちの内部状態ではない。しかし、内部状態が強化子になることもある。私たちが感じる痛みはそれを回避する行動を促進する。たとえば、痛みを生じさせないようにする行動や、生じてしまった痛みを解消する行動を促進する。このように内部状態が強化子となるときは、「内的強化子」とよばれる。

プリンツによれば、情動は内的強化子である。そして正の情動は正の内的強化子であり、負の情動は負の内的強化子である。たとえば、喜びは正の情動であるが、それは自分のうちに喜びが生じるように、猛勉強をして困難な試験に合格するという行動を促進したり、いまのこの喜びを持続させるために、楽しい会話をさらに続けるという行動を促進したりして、正の内的強化子として働く。また、悲しみは負の情動であるが、それは自分のうちに悲しみが生じないように、慎重に車を運転するという行動を促進したり、いまのこの悲しみから逃れるために、酒を浴びるように飲むという行動を促進したりして、負の強化子として働く。プリンツによれば、情動はいわば内的命令として機能する。正の情動は「これを増やせ！」という命令であり、負の情動は「これを減らせ！」という命令である。

情動価をこのように内的強化子の正負として捉えると、正の情動がそれを生み出すはずの外的刺激を回避させたり、逆に負の情動がそれを生み出すはずの外的刺激に接近させたりするような一見奇妙なことがどうして起こるのかがよく理解できるようになる。たとえば、眼のまえのマシュマロを食べれば、大きな喜びが得られるにもかかわらず、それを我慢して食べないようにすることがある。なぜなら、そのマシュマロを食べなければ、あとでもっと多くのマシュマロをもらえるからである。しかし、そうだとすると、眼前のマシュマロを食べないことは、もっと大きな喜びを得るための行動であり、それゆえ喜びという正の情動によってそれが促進されるのは、けっして不思議なことではなく、むしろ当然のこととなる。また、イヌが襲ってきたとき、それから逃げるのではなく、立ち向かっていくことがある。なぜなら、イヌのほうが足が速いので、危険から脱するにはもうイヌに立ち向かっていくしかないからである。しかし、そうだとすれば、イヌに立ち向かっていくことは危険を回避するための行動であり、それゆえ負の情動である恐怖によってそれが促進されるのは、けっして奇妙なことではなく、むしろ当然なことだということになる。このように情動価を内的強化子の正負と捉えると、一見、奇妙にみえる現象も当然のこととして理解できるようになる。

## 価値表象説

プリンツの内的強化子説はなかなか魅力的である。しかし、そこに何か重大な問題はないであろうか。つぎにこの点を考察してみよう。

内的強化子説は、情動価を情動に備わる動機づけの側面から捉えようとするものである。情動には、身体的反応を通して世界の価値的なあり方を表象するという側面と、それに応じて一定の行動を動機づけるという側面がある。情動を内的強化子として見るということは、情動をそれの獲得または回避の行動を動機づけるものとして見るということである。正の情動はそれを獲得する行動を動機づけ、負の情動はそれを回避する行動を動機づける。

では、情動価（つまり情動の動機づけの側面）と情動の評価的側面はどのような関係にあるのだろうか。プリンツによれば、それらは独立である（Prinz 2004:174-6、邦訳:300-2）。情動がどのような価値的なあり方を表象するかということと、情動がどちらの価を もつかということは、必ずしも連動しない。たしかに正の情動はふつう正の価値的なあり方を表象し、負の情動はふつう負の価値的なあり方を表象するだろう。しかし、ときには、正の情動が負の価値的なあり方を表象し、負の情動が正の価値的なあり方を表象することもある。たとえば、スカイダイビングをする人は、危険な状況にぞくぞくする。このぞくぞく感は、それを生じさせる行動を促すから、正の情動である。しかし、それは状況が危険であることを表すから、負の価値的なあり方を表象する。また、禁欲主義者は、おいしいワインを飲むことを嫌悪する。この嫌悪感は、それを回避させる行動を促すから、負の情動である。しかし、それはワインのおいしさを表すから、正の価値的なあり方を表象する。このように情動価の正負と情動が表す価値的なあり方の正負は必ずしも一致しない。それらは互いに独立なのである。

しかし、本当にそうであろうか。スカイダイバーがぞくぞく感を抱くとき、そのぞくぞく感は本当に状況の危険さを表しているのだろうか。たしかにスカイダイビングを行う状況は危険である。一歩間違えば、確実に死が待ち受けている。しかし、それはたんに危険なだけではない。ぞくぞくする状況でもある。喜びを抱く状況が喜ばしい状況であるように、ぞくぞく感を抱く状況はぞくぞくする状況である。それはまさに魅惑的な状況であり、正の価値的なあり方をしている。もちろん、スカイダイビングをする状況に恐怖しか抱かない人もいるが、そのような人はその状況の危険な面だけを情動的に捉えて、その状況のぞくぞくする面を情動的に正しく捉えていないのである。*2 喜ばしい状況に喜びを抱かない人のように、ぞくぞくする状況にぞくぞく感を抱かないのだ。それにたいして、スカイダイバーはスカイダイビングをする状況にぞくぞく感を抱く。彼らはその状況のぞくぞくするあり方を情動的に正しく捉えているのである。

また、禁欲主義者がおいしいワインに嫌悪感を抱くとき、そのワインはたんにおいしいだけではない。それはおいしいがゆえに、もっと崇高な価値に私たちが眼を向けることを妨げる。したがって、それは有害でもあるのだ。禁欲主義者がおいしいワインに抱く嫌悪感は、そのようなおいしいワインの負の価値的なあり方を情動的に捉えている。禁欲主義者でない人がおいしいワインのおいしさだけを情動的に捉えるのにたいし、禁欲主義者はその有害さをも情動的に捉えるのである。もっとも、禁欲主義者の情動が間違っている可能性はある。おいしいワインはおいしいからといって、崇高な価値の追求を妨げるわけではないかもしれない。ワインをおいしく飲みながら、崇高な価値も追求するということは可能かもしれない。そうだとすれば、おいしいワインはけっして有害ではない。それゆえ、禁欲主義者の嫌悪感は無害なワインを誤って有害だと表象していることになる。しかし、そうであっても、その嫌悪感がおいしいワインを有害なものとして表象していることに変わりはない。それゆえ、それはあくまでも負の価値的なあり方を表象しているのである。

スカイダイバーのぞくぞく感は正の情動であり、かつぞくぞくするあり方という正の価値的なあり方を表象する。また、禁欲主義者の嫌悪感は負の情動であり、かつ有害さという負の価値的なあり方を表象する。そうだとすれば、ここでは、情動価の正負と情動が表す価値的なあり方の正負が一致している。他の場合でも、一見、それらのあいだに不一致があるようにみえたとしても、情動が表す価値的なあり方をよくよく考えてみれば、その不一致は解消されるのではなかろうか。そうだとすれば、情動価の正負と情動が表す価値的なあり方の正負はつねに一致することになる。つまり、それらは独立ではないように思われるのである。

このようなことから、情動価の正負は情動が表す価値的なあり方の正負に由来するのではないかという考えが浮かんでこよう。正の情動は正の価値的なあり方を表象するがゆえに正であり、負の情動は負の価値的なあり方を表象するがゆえに負である。情動価の正負は情動に備わる動機づけの正負（内的強化子としての正負）であるが、それは情動が表す価値的なあり方の正負から独立しているものではなく、それに由来するものなのである。正の価値的なあり方を表す情動は、まさにそうであるがゆえに、それを獲得する行動を動機づけ、負の価値的なあり方を表す情動は、まさにそうであるがゆえに、それを回避する行動を動機づける。プリンツの内的強化子説では、情動価の正負は情動が表す価値的なあり方の正負から独立だとされたが、そうではなく、情動価の正負（情動に備わる動機づけの正負）は情動が表す価値的なあり方の正負に依存するのである。このような見方を情動価の「価値表象説」とよぶことにしよう。価値表象説でも、情動価の正負は情動の動機づけの正負であるが、それは情動が表す価値的なあり方の正負に由来するものなのである。

## 意識への情動価の現れ

情動が意識的である場合、その情動価も意識に現れるように思われる。襲ってくるイヌにたいして私が意識的に恐怖を感じるとき、そのイヌが危険であることが私の意識に現れるだけではなく、その情動が負であることも意識に現れる。つまり、負の感じがするのである。価値表象説によれば、情動価が意識に現れることは容易に説明できる。情動が表す価値的なあり方が意識に現れるとき、その正負も当然、意識に現れる。イヌの危険さが意識に現れれば、その危険さが価値的に負であることも当然、意識に現れる。そうだとすれば、価値表象説のもとでは、情動価の正負は情動が表す価値的なあり方の正負に由来するから、価値的なあり方の正負が意識に現れるとき、情動価の正負も意識に現れると考えてよいであろう。こうして情動価が意識に現れることは、価値表象説のもとでは容易に説明できるのである。

しかし、プリンツはそもそも、意識的な情動において情動価が意識に現れることを否定する（Prinz 2004: 176-8、邦訳：302-5）。情動価は意識的な現れをもたないと言うのである。情動価が意識に現れるのは直観的に明らかであるように思われるが、プリンツはその直観を否定する。どうしてであろうか。プリンツは、正の情動にはそれらに共通の感じがあるかもしれないが、負の情動にはそのようなものがないと言う。悲痛、嫌悪、怒りなどの負の情動は、それらが表すそれぞれ独自の価値的なあり方が意識に現れるという点で、それぞれ独自の感じがするが、そこに何か共通の感じが存在するわけではない。それぞれの負の情動からそれらが表象する価値的なあり方を差し引くと、そこにはもう何も意識に現れるものが残らないように思える。それゆえ、そこには負の情動価に相当するような、それらに共通の意識への現れが存在しないように思われるのである。

負の情動価が意識に現れないとすれば、それは情動が表す負の価値的なあり方に由来するものではなくなるだろう。じっさい、プリンツは負の情動価を情動が表す負の価値的なあり方から独立だと捉え、そうすることで、情動が表す価値的なあり方が意識に現れても、負の情動価は意識に現れないとするのである。負の情動価がこのようなものだとすれば、正の情動価も同様に考えるべきであろう。それゆえ、プリンツは正の情動価も情動が表す正の価値的なあり方から独立だと捉えて、正の情動価も意識に現れないとする。たしかに正の情動にはそれらに共通の感じがあるように思われるが、それは負の情動と違って、正の情動には、それらが表す価値的なあり方に共通なものがあり、それが意識に現れるからである。しかし、正の情動価はそのような共通なものに由来するわけではない。したがって、共通なものが意識に現れても、正の情動価は意識に現れないのである。

情動価が意識に現れないというプリンツの考えの鍵となっているのは、負の情動には共通の感じがないということである。しかし、そうであろうか。悲痛、嫌悪、怒りなどの負の情動がそれぞれ独自の価値的なあり方を表しているというのは、そのとおりである。しかし、そこに何の共通性もないのだろうか。悲痛は大切なものの喪失を表し、怒りは不正を表す。大切なものの喪失と不正はたしかに異なる。しかし、そこには価値が損なわれているという共通のあり方もある。イヌとカメは異なるが、いずれも動物であるという共通性がある。イヌを見るときには、イヌであることとともに、動物であることも意識に現れる。カメを見るときには、カメであることとともに、動物であることも意識に現れる。したがって、それらの知覚には、動物の現れという共通の感じが存在する。それと同様に、悲痛と怒りには、価値が損なわれているという共通のあり方が意識に現れており、それゆえそこには共通の感じが存在するのではないだろうか。

負の情動には、価値的に負であるという共通のあり方が意識に現れるように思われる。そうだとすれば、負の情動価が意識に現れると考えることに、とくに障害はなくなるだろう。正の情動価についても、もともとプリンツも共通の感じがあることを認めているから、正の情動価が意識に現れると考えることにも、とくに障害はない。したがって、私たちの直観どおり、情動価は意識に現れると考えてよいであろう。プリンツの内的強化子説のように、私たちの直観に反して、情動価が意識に現れないと考える必要はない。価値表象説のように、情動価は私たちの直観どおり、意識に現れると考えてよいのである。

## 2 奇妙な情動

情動には、少し考えてみると、かなり奇妙に思えるものがある。そしてそれらは情動価の価値表象説を脅かすようにみえる。たとえば、驚きには、好ましい驚き（正の驚き）と好ましくない驚き（負の驚き）がある。それらはともに驚きであるから、それらが表す価値的なあり方も同じはずである。そうだとすれば、価値表象説によるかぎり、それらの情動価も同じでなければならない。なぜなら、情動価の正負は情動が表す価値的なあり方の正負に由来するからである。こうして驚きに正負の両方があることは価値表象説を脅かすことになる。また、ホラー映画を見ると、恐怖を感じるが、私たちはその恐怖をむしろ好む。したがって、その恐怖は危険だという負の価値的なあり方を表しているにもかかわらず、正の情動価をもつようにみえる。こうしてホラー映画を見たときの恐怖も価値表象説を脅かすことになる。価値表象説はこうした奇妙な情動に適切な説明を与えることができるだろうか。

### 驚き

情動には正と負の両方が存在するものがある。驚き、好奇心、興味などがそうである。ここでは、驚きに焦点を当てて考察してみよう。驚きには、宝くじに当たったときのように好ましい驚きと、友人の突然の訃報に接したときのように好ましくない驚きがある。それどころかさらに、鉛筆が机からポトンと落ちたときのように、とくに好ましくも好ましくなくもないような驚きもある。驚きは予期しないことが起こったときに生じる情動である。予期しない有益なことが起こったときは、正の驚きが生じ、予期しない有害なことが起こったときには、負の情動が生じ、有益でも有害でもない予期せぬことが起こったときは、正でも負でもない驚きが生じる。

　しかし、そうだとすれば、同じ驚きでも、正の驚き、負の驚き、正でも負でもない驚きという三つの異なるタイプの驚き（すなわち三つの異なる情動）が存在すると考えることができるのではないだろうか。つまり、これらの驚きはそれらが表象する価値的なあり方が異なるために、異なるタイプの驚き（異なる情動）だと考えるのである。宝くじが当たったときの正の驚きは、予期に反して宝くじが当たったという正の価値的なあり方を表象し、友人の突然の訃報に接したときの負の驚きは、予期に反して友人が亡くなったという負の価値的なあり方を表象し、鉛筆が落ちたときの正でも負でもない驚きは、予期に反して鉛筆が落ちたという正でも負でもない価値的なあり方を表象する。それゆえ、それらは異なるタイプの驚き（異なる情動）だと考えるのである。そしてそのように考えることができるとすれば、三つのタイプの驚き（三つの異なる情動）が表す価値的なあり方とそれらの情動価は完全に一致することになる。したがって、価値表象説が脅かされることもなくなる。

しかし、プリンツはここでも別の見方をする（Prinz 2004: 163-4、邦訳：282-3）。彼は、驚きにより、情動の表象内容と情動価が一致しないことがあるということが強く示唆されると言う。彼によれば、どんな驚きも驚きであることに変わりはないから、同じ表象内容をもつ。すなわち、予期しないことが起こったという同じことがらを表す。しかし、そうであるにもかかわらず、驚きは正の情動価をもつこともあれば、負の情動価をもつこともあり、さらに正負の情動価を欠くこともある。それゆえ、驚きの表象内容と情動価は一致しないというわけである。しかし、この見方は必ずしも正しくないように思われる。同じ驚きだからといって、すべての驚きが同じ表象内容をもつと考える必要はない。驚きには正の驚き、負の驚き、正負なしの驚きがあり、それぞれが異なる表象内容をもつと考えることができる。つまり、驚きを類として捉え、正、負、正負なしの驚きをそれぞれその類に属する種と捉えるのである。そう捉えれば、驚きの表象内容と情動価は完全に一致すると見ることができるのである。

ただし、正でも負でもない驚きがじつは情動ではないというプリンツの見立ては正しいように思われる。情動価は情動であることにとって本質的であり、それゆえ情動価を欠く状態は情動ではない。プリンツはそう考える。たしかにそのとおりであろう。情動価のない驚きは、たんに予期しない出来事が起こったことを表しているだけであり、状況の価値的なあり方を表していない。そうである以上、それは情動とみなさないほうがよいだろう。たしかにそのような驚きが生じるとき、それなりの身体的な反応が生じる。したがって、その驚きは予期せぬ出来事を身体的に捉えており、その点では情動と同じである。しかし、それは状況の価値的なあり方ではなく、たんに事実的なあり方を表象しているにすぎない。それゆえ、それは情動ではないと見るのが適切だと考えられるのである。

## 魅力的な恐怖

ホラー映画が好きな人は喜んでそれを見る。恐ろしくないのだろうか。もちろん、恐ろしい。恐ろしくなければ、退屈なだけだろう。恐ろしいからこそ、喜んで見るのだ。しかし、恐怖は負の情動である。それは負の価値的なあり方を表しており、それを経験しないように私たちを動機づけるのではないだろうか。それなのになぜホラー映画を見て、わざわざ恐怖を経験しようとするのだろうか。ホラー映画を見るときの恐怖は負の価値的なあり方を表しているのに、それを経験させようとする正の動機づけ（つまり正の情動価）をもつのではないだろうか。そうだとすれば、それは価値表象説への重大な反例となる。

価値表象説を守るためにまず思い浮かぶのは、ホラー映画を見るときでも、恐怖そのものはそれを経験しないように私たちを動機づけるが、そのような恐怖にたいして私たちは喜びを感じるのだという考えであろう。戸田山は、私たちがホラー映画に惹きつけられるのは、私たちが「もともと恐怖を楽しめるようにできているからだ」と言う。*3 私たちは一方で、恐怖を感じることで恐怖を経験しないように動機づけられるが、他方で、その恐怖に喜びを感じることで恐怖を経験するようにも動機づけられる。そして恐怖よりもそれにたいする喜びのほうが強ければ、ホラー映画を見ようとするだろうし、その逆であれば、ホラー映画を見ないだろう。このように考えれば、ホラー映画を見るときの恐怖そのものは負の価値的なあり方を表象するとともに、負の動機づけをもつことになるので、価値表象説にとってとくに反例とはならなくなる。

しかし、この考えはただちに大きな困難に直面するように思われる。そのように考えれば、たしかに恐怖にかんする問題は解消されるが、その代わり恐怖にたいする喜びに問題が生じる。この喜びは私たちが恐怖を感じていることを表象するとともに、その喜びを経験するように私たちを動機づける。しかし、恐怖を感じるということは負の価値的なあり方である。そのような負の価値的なあり方を表象することがどうして喜びの情動になるのであろうか。あるいは、言い換えれば、負の価値的なあり方を表象していながら、どうして正の動機づけをもつことができるのであろうか。喜びは正の価値的なあり方を表象するものであり、だからこそ正の動機づけを有するはずだ。そうだとすれば、負の価値的なあり方を表象しながら正の動機づけを有するというのは、まことに奇妙な喜びだと言わざるをえない。こうして恐怖の奇妙さが解消されても、その代償に喜びの奇妙さが生み出されるように思われるのである。

ホラー映画を見るとき、そこにはたしかに恐怖が生じているようにみえるが、その恐怖はそもそも通常の恐怖とは異なっているのではないだろうか。[*4] その恐怖はもはや負の価値的なあり方を表し、負の動機づけをもつような恐怖ではないように思われる。むしろ、それはスカイダイビングにおけるぞくぞく感と同様の情動ではないだろうか。スカイダイビングを行う状況は危険であると同時にぞくぞくするような状況である。ぞくぞく感はそのようなぞくぞくするあり方を表象し、それゆえ正の動機づけを有する情動である。ホラー映画の怖い場面も、たんに危険なだけではなく、その危険の虚構性のゆえにぞくぞくする状況でもある。そうだとすれば、ホラー映画を見たときの恐怖は、じつは状況のぞくぞくするあり方を表象し、それゆえ正の動機づけをもつような情動であるということになろう。つまり、それはぞくぞく感なのである。しかし、そうだとすると、それはじつは、厳密に言えば、恐怖ではないということになろう。ホラー映画を見たときの魅力的な恐怖は、じつは恐怖ではなく、正の価値的なあり方を表し、正の動機づけをもつぞくぞく感なのである。

ホラー映画を見たときの恐怖がじつはそのようなぞくぞく感だとすれば、そのような恐怖にたいして喜びを抱くことがあるということも、問題なく理解できるようになる。ぞくぞく感が正の価値的なあり方を表し、正の動機づけをもつなら、そのようなぞくぞく感を抱くことも正の価値的なあり方であろう。したがって、ぞくぞく感にたいして喜びを感じるというのも当然のことであろう。こうしてホラー映画を見たときの恐怖も、価値表象説にとってまったく脅威にならないのである。

## 病的な情動

一見、奇妙な情動も、よく考えてみれば、価値表象説への反例にはならないように思われる。そのような情動も、表象される価値的なあり方の正負と動機づけの正負が一致しない奇妙な情動ではなく、それらがじつは一致する通常の情動であると考えることができる。しかし、このような一見、奇妙な情動ではなく、本当に奇妙な情動は存在しないだろうか。つまり、いくら考えても、どうしても表象される価値的なあり方の正負と動機づけの正負を一致させることができないような情動はないだろうか。

本当に奇妙な情動も存在するように思われる。たとえば、嫉妬心が非常に強い人の嫉妬は、負の価値的なあり方を表象しながら、正の動機づけをもつように思われる。花子は夫を愛している。しかし、何かにつけて嫉妬する。夫の帰りが遅いと、そのたびに必ず、浮気をしているにちがいないと嫉妬する。今日は残業だと夫が言っても、信じないし、仲間と飲み会だと言っても、信じない。また、休日に出かけると、必ず他の女とデートしているのではないかと嫉妬する。得意先との付き合いゴルフだと言っても、信じないし、休日出勤だと言っても、信じない。花子はどんな状況にも、夫の浮気の気配を感じ取って嫉妬する。まるで嫉妬したくてしようがないかのようだ。

花子の嫉妬は夫の愛が自分から別の女に移っているということを表象している。したがって、それは負の価値的なあり方を表している。しかし、そうであるにもかかわらず、その嫉妬はそれを経験するように花子を非常に強く動機づける。そのため、花子はことあるたびに嫉妬することになる。たしかに花子は嫉妬したくて嫉妬しているのではないかもしれない。つまり、嫉妬することは彼女にとっても苦しいことかもしれない。しかし、そうだとしても、その嫉妬はそれを経験するように彼女を突き動かすのだ。したがって、それは正の動機づけ（しかも非常に強い）をもっている。

花子の嫉妬が正の動機づけをもつことからすると、それがじつは何か正の価値的なあり方を表しているのではないかと考えてみたくなる。ホラー映画を見るときの恐怖がじつはぞくぞくするあり方という正の価値的なあり方を表しているように、花子の嫉妬は何らかの正の価値的なあり方を表しているのではないだろうか。たとえば、花子が本当はだらしない夫にうんざりしており、秘かに夫と離婚したいと思っているとすれば、夫の浮気は離婚の格好の理由としてじつに好ましいものであろう。そうだとすれば、花子の嫉妬はじつはたんなる夫の浮気ではなく、自分の望む離婚にとって格好の理由となるような夫の浮気を表象しており、それゆえ彼女にとって正の価値的なあり方を表象しているということになろう。そしてそうなれば、花子の嫉妬はもちろん、じつは嫉妬ではなく、ある種の喜びだということになり、その情動が正の動機づけをもつことも当然だということになろう。

しかし、花子の嫉妬をそのような喜びとして解釈しなおすことがつねに可能かと言えば、そうではないように思われる。花子は心から夫を愛しており、無意識的にすら夫と別れたいとは思っていないかもしれない。そうであってもなお、彼女はことあるたびに夫が浮気をしているのではないかと嫉妬してしまう。嫉妬することに強い自己嫌悪を感じながらも、それでもなお嫉妬してしまう。このようなことが可能であるように思われる。そうだとすれば、この花子の嫉妬は負の価値的なあり方を表象しながら、正の動機づけをもつと言わざるをえないだろう。

表象される価値的なあり方の正負と動機づけの正負が一致しないような本当に奇妙な情動がたしかに存在するように思われる。しかし、このような情動はたんに奇妙というよりも、むしろ病的だと言うべきであろう。花子の嫉妬は本来なら、負の価値的なあり方を表象し、それゆえ負の動機づけをもつはずである。しかし、その嫉妬が病的となって、負の価値的なあり方を表象しながら、正の動機づけをもってしまったのである。表象される価値的なあり方の正負と動機づけの正負が一致しない情動は、正常なあり方から逸脱した異常な情動であり、病的である。病的でない正常な情動においては、そのような不一致は起こらないだろう。

病的な情動については、表象される価値的なあり方の正負と動機づけの正負が一致せず、それゆえ情動価の正負が表象される価値的なあり方の正負に由来するとみなすことができないだろう。つまり、病的な情動には価値表象説が成立しないであろう。しかし、正常な情動については、価値表象説が成立する。そしてそうであれば、それで十分であろう。病的な情動は病的であるがゆえに価値表象説の言う情動のあり方から逸脱しているのであり、それゆえその説への反例と見る必要はないであろう。すべてのカラスは黒いという命題にたいして、病的な白いカラスをそれへの反例と見る必要はない。それと同様に、病的な情動を価値表象説への反例と見る必要はないだろう。[*5] こうして病的な情動が存在するとしても、それは価値表象説にたいする脅威とはならないのである。

価値表象説が正しいとすれば、正の情動は正の価値的なあり方を表し、それゆえ正の動機づけを有する。また、負の情動は負の価値的なあり方を表し、それゆえ負の動機づけを有する。そうだとすれば、心が正の情動で満たされ、負の情動がいっさいないということになると、それは途方もなく幸せな状態であるように思われる。私たちの心は正の価値的なあり方を表し、私たちが獲得したいと思うような情動で満たされ、そうでないような情動は一つもない。それはまさに究極の幸せであろう。しかし、そのような心の状態が経験機械によって生み出されたことを知ると、とたんにその幸せも色あせてみえてくる。いくら心が正の情動で満たされていようとも、現実の世界が悲惨な出来事に満ちあふれていれば、けっして幸せではないように思われる。どうしてであろうか。この経験機械にかんする謎を解く鍵は、情動の志向性、つまり状況の価値的なあり方を表象するという情動の根本的な性格のなかにあるように思われる。最後に、情動の志向性から経験機械の謎を解いてみよう。

## 3　経験機械の謎を解く

情動は状況の価値的なあり方を表象する。喜びは状況が喜ばしいことを表象し、恐怖は状況が危険であることを表象する。これは、言い換えれば、情動が状況の価値的なあり方を志向するということである。喜びは状況の喜ばしさを志向し、恐怖は状況の危険さを志向する。

しかし、情動はたんに状況の価値的なあり方を表象するだけではない。それは状況の価値的なあり方を正しく表象しようとする。喜びが状況の喜ばしさを表象するとき、じっさいに状況が喜ばしければ、その喜びは状況の価値的なあり方を正しく表象することになるが、喜びはまさにそのように正しく状況の価値的なあり方を表象しようとする。したがって、喜びは状況がじっさいに喜ばしいことを求める。状況が喜ばしくないときの喜びは、誤った喜びになってしまう。恐怖もそうである。それは状況の危険さを正しく表象しようとする。したがって、状況がじっさいに危険であることを求める。状況が危険でなければ、それは誤った恐怖になってしまう。情動はそれが正しい情動であることを求めるのである。

これを「志向性」という言葉を用いて言えば、情動は状況の価値的なあり方を正しく志向しようとする。喜びは状況の喜ばしさを正しく志向しようとし、恐怖は状況の危険さを正しく志向しようとする。情動が状況の価値的なあり方を正しく志向するということは、情動が状況のじっさいの価値的なあり方によって充足されるということである。喜びが状況の喜ばしさを正しく志向するとき、状況はじっさいに喜ばしい。したがって、その喜びは状況のじっさいの喜ばしさによって充足される。恐怖についても同様である。情動が状況の価値的なあり方を正しく志向しようとするということは、情動が状況のじっさいの価値的なあり方による充足を求めるということである。志向性は充足を求めるのである。

これは知覚や信念についても同様である。黄色いバナナの知覚は黄色いバナナを志向するだけではなく、それを正しく志向しようとする。したがって、その知覚はじっさいに眼前に黄色いバナナがあることによって充足されることを求める。つまり、錯覚や幻覚ではなく、正しい知覚であることを求めるのである。また、桜が咲いているという信念は桜が咲いていることを志向するだけではなく、それを正しく志向しようとする。したがって、その信念は桜がじっさいに咲いていることによって充足されることを求める。つまり、偽なる信念ではなく、真なる信念であることを求める。このように知覚や信念はたんに世界のあり方を志向するだけではなく、じっさいの世界のあり方によって充足されることを求める。したがって、それらは世界がじっさいに志向したとおりのあり方をしていることを求めるのである。*6

知覚や信念と同様に、情動は状況の価値的なあり方を志向するだけではなく、じっさいの価値的なあり方によって充足されることを求める。ところが、じっさいには悲惨な状況のなかで経験機械に繋がれた場合、たとえ正の情動で満たされたとしても、それらの正の情動はすべて充足されない情動である。斬新な論文を書いて喜んでも、こまめに世話を焼いてくれる彼女に感謝しても、友人との議論に知的興奮を覚えても、それらはすべて充足されない情動である。じっさいの状況は、論文が少しも書けず、彼女には冷たくされ、友人は皆無だという状況であり、喜びや感謝、知的興奮が志向する価値的なあり方はまったく成立していないのである。

しかし、たとえそうであったとしても、心が正の情動で満たされていれば、それでよいではないかと思われるかもしれない。つまり、快がすべてだという快楽主義的な見方をとりたくなるかもしれない。充足されようとされまいと、ともかく正の情動は快く、負の情動は不快である。そうであれば、心が正の情動だけで満たされていれば、それで十分幸せではないか。たしかに、もし情動が何も志向せず、ただの感じにすぎないのであれば、心が正の情動で満たされることはそれだけで十分幸せなことであろう。しかし、情動は状況の価値的なあり方を志向する。そして充足されることを求める。それはただの感じではなく、志向性をもち、充足されることを求める。したがって、状況が情動の志向したとおりでなければ、情動はそれが求めているものを欠くことになる。このような欠陥のある情動によって心が満たされたところで、とうてい幸福とは言えないであろう。それはせいぜい偽りの幸福である。

経験機械に繋がれて正の情動で満たされても、状況が悲惨なあり方をしていれば、けっして幸福だと言えないように思われるのは、その正の情動が充足を求めているにもかかわらず、それが達成されないからである。ノージックは、私たちが望んでいるのはおそらく「現実に触れながら自分自身を生きる」ことであり、経験機械が私たちにそれを提供してくれないために、たとえその機械によって正の情動で満たされても、私たちは幸福だとは思えないのだろうと言う（Nozick 1974: 45、邦訳：70）。たしかにそのとおりであろう。しかし、私たちが「現実に触れながら自分自身を生きる」ことを望むのは、私たちの情動が充足を求めるからにほかならない。充足されることが現実に触れることである。したがって、現実に触れることを望むということは、充足されることを求めるということである。しかし、経験機械は正の情動を生み出すだけで、充足された情動を生み出さない。それゆえ、経験機械が私たちの心を正の情動で満たしたとしても、私たちはけっして幸福であるようには思えないのである。経験機械の謎を解く鍵は、世界の価値的なあり方を表象する情動の志向性がその充足を求める点にあると言えよう。

## 注

＊1　この経験機械の思考実験はノージックにより導入され、幸福の問題について考察が行われている（Nozick 1974: 42-5、邦訳：67-72）。なお、経験機械と幸福の問題については、成田2007が実在や別れの問題を検討しながら、たいへん明快な論考を行っており、この問題の哲

学的意義を理解するうえでおおいに参考になる。

＊2　もちろん、パラシュートを適切に操作する能力をもたない人にとっては、スカイダイビングはただ危険なだけであって、ぞくぞくするあり方をしていない。したがって、そのような人がスカイダイビングにたいしてぞくぞく感を抱かずに、恐怖だけを抱くのは、状況の価値的なあり方を情動的に正しく捉えていると言えよう。しかし、パラシュートを操作する能力を身につけているにもかかわらず、スカイダイビングにぞくぞく感を抱かない人は、その人にとってスカイダイビングがぞくぞくするあり方をしているにもかかわらず、それを情動的に正しく捉えていないのである。そのような人はバンジージャンプにぞくぞく感を抱かない人に似ている。バンジージャンプは特別な技能を必要としないので、どんな人にとってもぞくぞくしたあり方をしている。そうであるにもかかわらず、バンジージャンプにぞくぞく感を抱かず、ただ恐怖しか感じない人は、バンジージャンプの価値的なあり方を情動的に正しく捉えていないのである。

＊3　戸田山 2016: 337 を参照。この戸田山の書は恐怖を楽しむことがいかにして可能かという問題について、さまざまな説の詳細な検討を行っており、たいへん興味深い。

＊4　戸田山もホラー映画を見るときの恐怖は通常の恐怖とは異なると言う。ホラー映画を見る場合、私たちはそれが虚構だという信念をもっている。したがって、その信念によって不快で避けるべきものという恐怖の意味づけが弱まるので、その恐怖を楽しむことができるようになると言うのである（戸田山 2016: 336-7）。しかし、彼はホラー映画を見るときの恐怖がじつはもはや恐怖ではないとは言わず、あくまでも恐怖だとみなす。

＊5　妄想についても、同様のことが言える。信念は合理的なあり方をすると考えられるが、妄想は信念であるにもかかわらず、合理的なあり方をしない。しかし、そうであるからといって、妄想を信念が合理的であることへの反例とみなす必要はない。妄想は病的な信念であり、それゆえ不合理なあり方をすると考えればよい。ただし、妄想については、それを信念と捉えない見方も提唱されている。たとえば、妄想を本人が誤って信念だと思い込んでいる想像だとする説（Currie 2000）や、妄想を信念と想像の両面をもつ信像（bimagination）だとする説（Egan 2009）がある。しかし、このような見方をとる必要はない。妄想を信念だとする見方（「ドクサ説」とよばれる）をとることが十分可能である。そのためには、妄想を病的な信念とみなしさえすればよい。ミリカンは心的状態を一定の機能を担う状態だと見て、病的な心的状態を機能不全に陥った状態だとするが（Millikan 1993）、それに従えば、妄想は機能不全に陥った信念なのである。妄想を合理的でないにもかかわらず、なお信念と見るドクサ説の擁護については、Bortolotti 2010 や信原 2013 を参照。

＊6　ただし、想像のように、志向性をもちながら、充足を求めない心的状態もある。桜が咲いていることの想像は桜が咲いていることを志向するが、じっさいに桜が咲いていることによって充足されることを求めない。それはただ志向するだけである。つまり、ただ表象するだけで、真であることを求めない。

これは厄介なことになった。あいつの会社が資金繰りで困っている。助けてやらないと、倒産だ。しかし、そうすると、彼女の開店資金を出してやれなくなる。子供服の店を開くのは彼女の長年の夢だ。どうすればよいのだろう。あいつには借りがある。以前、自分の会社が倒産しそうになったときに、助けてもらった。深く感謝している。しかし、彼女には前々から出資の約束をしている。約束を反故にすることなど耐えがたい。どうしよう。会社がつぶれたら、あいつはもう生ける屍になってしまうにちがいない。それを見るのはつらすぎる。しかし、彼女は今回、店を出せなくても、またのチャンスがあるだろう。やはりあいつを助けるしかない。

このような深刻な場面はまれであろうが、私たちは多かれ少なかれ、自分に関係する過去、現在、未来を展望しながら、何をするかを決め、自分の人生を紡ぎ出していく。昼食を何にするかといった些細なことですら、昨日の昼は何を食べたかを思い出し、いまの腹の減り具合を気にかけ、カツ丼のような高カロリーのものを食べると糖尿病に悪いかもと心配しながら、何を食べるかを決める。あるいは、とくに何をするかを決めるのではなく、ただ自分の過去を振り返り、現在を見つめ、未来を想像することもある。このように自分の過去や現在、未来を展望したり、それに基づいて何をするかを決めたりすることは、自分の人生を一つの物語に仕立てあげていくことであり、そうすることで自分の人生に一貫した意味を与えることであろう。私たちは自分の人生を物語りつつ生きていくのであり、生きることは物語ることと不可分なのである。*1

自己物語、すなわち自分で語る自分の人生の物語において、情動はそれに欠かせない重要な役割を担っているように思われる。あいつの会社が倒産しそうだと考えるときには、ものすごい恐怖が湧き上がる。彼女が店を出せなくなることを思い浮かべるときは、強い悲しみが感じられる。あいつに昔、助けてもらったことを思い起こすときには、あらためて感謝の念が生じる。彼女との約束を思い出すときには、義務感が湧き起こる。このような諸々の情動がそのときの自分の物語のありようを決定づけている。もしそれらとは別の情動が生じていれば、別の物語になっていただろうし、いかなる情動も生じなければ、そもそも物語にはならなかったであろう。自己物語にはしかるべき情動が不可欠であるように思われる。

なぜ自己物語には情動が不可欠なのだろうか。情動は自己物語においてどんな役割を果たしているのだろうか。この問題を考察するために、まず、物語とは何かを考えてみたい。それは科学的な世界描写とどう違うのだろうか。つぎに、人生と物語の関係を考察したい。人生は物語と不可分であるように思われるが、そうだとすると、人生はじつは一つの物語にほかならないのだろうか。それとも、人生と物語はやはり別で、人生は物語によって物語られるものであろうか。さらに第三に、自己物語の客観性について考えたい。自己物語は物語の一種であるが、フィクションのように自由に語ってよいわけではなく、世界のあり方に基づく一定の制約がある。それはどのような制約であろうか。最後に、そのような制約があるにもかかわらず、私たちは自分の人生をまるでフィクションのようにかなり好き勝手に語ってしまう危険な傾向をもっている。そのような傾向はいったい何に由来するのだろうか。以下では、これらの問題について多くの重要な洞察を示しているゴルディの見解（Goldie 2012）を手引きとしながら考察を進めていき、それを通じて自己物語における情動の役割を明らかにしていきたい。

## 1　物語とは何か

物語にはフィクションとノンフィクションがある。フィクションは事実から自由に虚構的なことがらを語る。それにたいして、ノンフィクションは事実を語り、事実から一定の制約を受ける。しかし、事実を語ると言っても、ノンフィクションは科学とはまったく異なる。科学も事実を描くが、科学的描写は物語ではない。では、科学と物語はどう違うのだろうか。科学と物語の違いを問うことは、物語とは何かを理解するうえで非常によい切り口となろう。本節では、物語の基本的な性格についてゴルディが述べていることを参照しながら、物語とは何かの基本的な理解を得ておこう（Goldie 2012, chap.1）。

### 行為者性

物語には登場人物がいる。そして登場人物がどんな行為をしたかが描かれる。太郎が次郎を殴った。次郎は泣きながら母親に訴えに行った。この小さな物語には太郎が次郎を殴ったことと、次郎が母親に訴えに行ったことが描かれている。そして行為を描くということは、その行為がどんな理由でなされたかを描くことでもある。太郎が次郎を殴ったのは、太郎が自分勝手な次郎に腹を立てたからであり、次郎が母親に訴えに行ったのは、母親が太郎を叱ってくれると思ったからである。このような心の働きが物語のなかで明示的に語られないこともある。しかし、そのような場合でも、その察しがつくように暗示的に語られる。行為を語ることは、その理由となる心の働きを語ることでもある。

対照的に、科学は人間の行為を描かない。したがって、行為の理由となる心の働きも描かない。科学はただ自然の事物とその変化を描くのみである。科学の描写のなかに人間が登場しても、その人間は行為するものとして描かれない。人間もたんなる物体と同じく、自然の法則に従うものとして描かれるだけである。科学が描く世界は事物が因果的な法則に従って変化していくだけの世界である。あるいは、因果的な法則が不明な場合は、事物が偶然変化したとされる世界である。それは因果的な必然性か、さもなければ偶然性の世界である。そこには人間が行為によって世界を変えるさまが描かれることはない。

このように物語と科学を対比すると、人間とその行為が描かれない物語もあるのではないかと言われるかもしれない。サルの群れのなかで、それぞれのサルがどんなふうに互いに闘ったり、協力し合ったり、子育てしたりするかを描いたサルの話は、人間とその行為がまったく描かれていなくても、一つの物語と言ってよいのではなかろうか。たしかにそうである。しかし、それはサルが擬人化されているからである。そこでは、サルは人間のように行為し、人間のように行為を理由づける心の働きをもつものとして描かれている。そうでなければ、その話は物語ではなく、科学的描写だと言わざるをえないだろう。物語であるためには、行為する人間か、あるいはそれに擬せられたものが登場しなければならないのである。以下では、簡便のため、擬人化されたものも人間のなかに含めて話を進めることにする。

## 視点性

物語には人間が登場し、その行為が描かれなければならない。しかし、そうだとしても、科学でも、人間が登場し、その行為が描かれることがあるのではないか。物理学や化学にはたしかに人間は登場しないが、生物学や心理学には人間が登場し、その行為が描かれることがある。このような科学的描写は物語とどう違うのであろうか。

たしかに人間が登場し、その行為が描かれるというだけでは、物語と科学の違いを十分に示すことはできない。そこでつぎに重要となるのが視点性である。物語は視点的であるが、科学は無視点的である。物語にはいろいろな視点が含まれており、それらが複雑に絡み合う。[*2]まず、語られる登場人物の視点がある。太郎が次郎を殴ったと語られるとき、太郎は自分のケーキを次郎に食われたと思っていたが、次郎はそのケーキが太郎のものだとは知らなかったかもしれない。太郎と次郎には、異なる視点から異なる世界が開けている。しかし、このような登場人物の視点（物語に内在的な視点）だけではなく、語り手の視点（物語に外在的な視点）もある。語り手は語り手の視点から物語を語る。次郎が母親に訴えに行ったと語るとき、次郎は母親への自分の訴えを正当なことと捉えているが、語り手はそれを不当なことと捉え、そう暗に語るかもしれない。さらに聞き手の視点（やはり外在的な視点）もある。聞き手は次郎による母親への訴えが不当なこととして語られても、それを正当なことと捉えるかもしれない。

物語がこのように視点的であるのにたいし、科学は無視点的である。それは何らかの視点から開ける世界を描くのではなく、ネーゲルの言葉を借りれば、「どこでもないところからの眺め」を描くのである（Nagel 1989）。つまり、科学はいかなる視点からも独立な世界それ自体を描くのである。バナナがテーブルのうえにあると科学が描写するとき、それはここから眺められた光景でも、あそこから眺められた光景でもない。それはさまざまな視点から眺められるが、そのどの視点から眺めたのでもない事実そのものを描いているのである。

もっとも、科学でも、人間とその行為を描くときは、描かれる人間の視点から世界がどのように開けるかが描写されるだろう。斜め上から見る花子には、テーブルが平行四辺形に見え、テーブル上のバナナがゆるやかな三日月形に見えると科学的に描写されるとき、そこには花子の視点から立ち現れる世界が描かれている。したがって、科学的描写でも、登場人物の視点（内在的な視点）が含まれることはあると言えよう。しかし、そのような場合でも、語り手の視点（外在的な視点）はそこにはない。科学的描写においては、描写を行う人に固有の視点から描写が行われるわけではなく、無視点的に描写が行われる。つまり、描写される世界のなかに登場人物の視点が含まれることはあっても、描写そのものはいかなる視点からでもなく、まったく無視点的に行われるのである。

物語と科学は、登場人物とその行為が描かれるかどうかという点だけでは十分な区別が行えないが、それに加えて何らかの視点から描かれるかどうかを問題にすれば、十分な区別を行うことができる。物語は語り手の視点から語られるが、科学的描写は視点とは無関係になされる。つまり、物語は視点的だが、科学は無視点的である。科学的描写に人間が登場してその行為が描かれても、それが物語ではないのは、その描写が無視点的になされるからである。物語であるためには、人間とその行為が描かれるだけではなく、特定の視点からそれらが描かれなければならない。

## 評価性

物語の視点性にすでに含意されていることであるが、ここであらためて強調しておくべきなのは、その視点が必ず評価的なものを含むということである。視点には事実認識的な視点と評価的な視点がある。事実認識的な視点は世界の事実的なあり方がそこから開示されるような視点であり、この視点から知覚や事実判断が形成される。それにたいして、評価的な視点は世界の価値的なあり方がそこから開示されるような視点であり、この視点から情動や価値判断が形成される。物語の登場人物の視点はこの二種類の視点から構成されるが、語り手の視点もそうである。語り手は事実認識的な視点から一定の知覚と事実判断をもつとともに、評価的な視点から一定の情動と価値判断をもつ。そしてそのような二種類の視点を織り交ぜながら、物語を語るのである。

語り手の事実認識的な視点や評価的な視点が表立って現れてくるのは、それらが登場人物の視点と食い違うときである。次郎は自分が食べたのが太郎のケーキであることを知らないが、語り手はそのことを知っている。ここでは、語り手の事実認識的な視点が次郎のそれと一致していない。また、太郎は自分のケーキを次郎が食べてしまったことに腹を立てているが、語り手はそのことに腹を立てておらず、むしろ次郎に同情している。ここでは、語り手の評価的な視点が太郎のそれと一致していない。

物語は語り手の視点から語られるが、その視点には評価的な視点が含まれる。評価的な視点を欠くならば、たとえ人間とその行為が一定の視点から描かれていても、それは事実報告にすぎず、物語とは言えないだろう。物語には語り手の評価的な視点が不可欠である。語り手は物語を語りつつ、その語られることに自分なりの情動的な評価や判断的な評価を与えるのである。

## 2　人生と物語

私たちは自分の過去、現在、未来を展望しながら、何をするかを決め、そしてじっさいに行為することを通じて、自分の人生を紡ぎ出していく。それは自分の人生を一つの物語として語っていくことであり、そうすることで自分の人生に一貫した意味を与えることである。私たちは自分の人生を物語りつつ生きていくのであり、生きることは物語ることから切り離せない。そうだとすれば、人生もまた一つの物語ではないかという見方が浮上してくる。しかし、ゴルディ（Goldie 2012: 161-2）は、人生を物語と同一視する見方（たとえばMacIntire 1981: 215、邦訳：263）を明確に否定する。なぜ彼はそのような見方を拒むのであろうか。

### 表象するものと表象されるもの

人生と物語を同一視することは、表象するものと表象されるものを同一視することであり、そこには重大な混同がある、とゴルディは言う。昨日ラーメンを食べたと私が語るとき、昨日ラーメンを食べたことは、私の語りによって語られること（つまり表象されること）であって、私の語り（つまり表象するもの）ではない。表象するものと表象されるものは明確に区別される。昨日ラーメンを食べたと語ることは昨日ラーメンを食べたことではないし、逆に、昨日ラーメンを食べたことは昨日ラーメンを食べたと語ることではない。両者は語るものと語られるもの、表象するものと表象されるものの関係にある。それらはけっして同じものではない。人生とその物語も、表象されるものと表象するものの関係にあるのであって、明確に異なる。人生を物語と同一視するのは、表象されるものを表象するものと同一視することであり、重大な混同を犯しているのである。

表象するものと表象されるものは、通常は明確に区別され、混同されることはない。「トラ」という言葉はトラを表象するが、「トラ」という言葉とトラが混同されることはない。しかし、まるで生きているかのような見事なトラの絵を眼にすると、それが本物のトラのように見えてぞっとすることがある。そこでは、トラの絵をトラと混同する誤りが多少なりとも生じている。このように、ときには表象するものと表象されるものの区別が紛らわしくなることがある。[*3] 人生とその物語も、表象するものと表象されるものの区別が少し紛らわしいケースかもしれない。しかし、そうであったとしても、それらはあくまでも厳然と異なる。人生と物語は明確に区別されなければならない。そうゴルディは主張する。

## 人生の物語性

人生は表象されるものであり、物語は表象するものであるから、人生は物語ではない。このゴルディの主張はまことに明快であるようにみえる。しかし、よく考えてみると、事態はそう単純ではないように思われる。たしかに私は私の人生を語る。そのかぎりでは、私の人生は私の物語によって表象されるものである。しかし、私が私の人生を語ることもまた、私の人生に含まれる。私は昨日ラーメンを食べたと語ることは、私が昨日ラーメンを食べたという私の人生の一コマを語ることであるが、そう語ること自体が私の人生に含まれることでもある。それは私の人生の外にあって、外側から私の人生を語るのではなく、私の人生の内にあって、内側から私の人生を語るのである。

たしかに昨日ラーメンを食べたと語ることは、昨日ラーメンを食べたということではないし、そのことの内に含まれることでもない。それは昨日ラーメンを食べたということの外にあり、外側からそれを語っている。しかし、その語りは私の人生の内に含まれる。昨日ラーメンを食べたと語ることもまた、私の人生の一コマである。それは昨日ラーメンを食べたことが私の人生の一コマであるのとまったく同じ意味で、私の人生の一コマなのである。その証拠に、のちに自分の人生について語るときに、私は昨日ラーメンを食べたとあのとき語ったなあと語ることがありうる。

人生の物語が人生の内に含まれるとすると、人生と物語はそう単純に表象するものと表象されるものの関係にあると言うわけにはいかなくなる。私が言うことは嘘だと語ることが私の言うことの内に含まれてしまうと、嘘つきのパラドクスが生じるが、そのようなパラドクシカルな事態が生じないまでも、私の人生の物語が私の人生の内に含まれるとすると、私の人生と物語の関係は非常に複雑なものとなる。語るものと語られるもの、表象するものと表象されるものの区別はたしかにあるが、私の人生と物語はたんにそのように区別されるものとして明らかに異なると言うわけにはいかなくなる。それらはもっと複雑な関係にあるのである。

しかし、そうであるからといって、人生が物語だということにもならない。物語は人生の内に含まれるが、人生には物語でない部分もある。私が昨日ラーメンを食べたことは私の人生の一コマであるが、それは物語ではない。私の人生には物語ではない広大な部分が含まれる。しかし、私は昨日ラーメンを食べたことを今日語るし、それだけではなく、昨日ラーメンを食べることに決めたさいにも、その前の日は牛丼を食べたとか、腹の減り具合はまあまあだとかと語っていたのであり、それらの語りもまた私の人生に含まれる。私の人生には物語でない部分が膨大にあるものの、物語である部分もかなりある。人生は物語ではないが、物語を含むものなのである。

さらに、人生の物語でない部分のなかには「物語的なもの」がかなりある。私が昨日ラーメンを食べたことは物語ではないが、物語的である。私は自分の過去、現在、未来を展望して、いま何を食べるのが自分の物語を新たに紡ぎ出すうえでもっとも相応しいかを考慮して、ラーメンを食べることに決め、そしてラーメンを食べた。したがって、昨日ラーメンを食べたことは私の自己物語の新たな展開を実行に移したことであり、私の自己物語に基づく実践である。それは物語ではないが、そのような意味で物語的である。人生を物語と同一視する見方を動機づけているのは、人生にそうした物語的なものが含まれていることである。しかし、ゴルディが主張するように、物語的なものは物語ではないし、また、物語的でさえないものが人生の大半を占める。したがって、人生を物語と同一視するわけにはいかない。しかし、人生は物語と物語的なものを含むのであり、その意味で物語性を有するのである。

## 3　自己物語の客観性

自己物語は自分の人生の物語であるから、フィクションではなく、ノンフィクションである。それは自分の人生のあり方、すなわち自分がかつて経験したこと、いま経験していること、やがて経験するであろうことに忠実でなければならない。自己物語は自分の人生という世界の客観的なあり方によって制約を受ける。しかし、この制約は科学的描写が世界の客観的なあり方によって受ける制約と似たようなものであろうか。それとも、そこには何か重要な違いがあるのだろうか。自己物語が世界の客観的なあり方によってどのような制約を受けるかを考えてみよう。

## 真理性と客観性

ゴルディはノンフィクションの物語について真理性と客観性を区別する（Goldie 2012: 152-161）。ここでは、ノンフィクションの一つである自己物語にそくしてこの区別を見ていこう。まず、自己物語においては、それによって語られることが真でなければならない。私は昨日ラーメンを食べたと語るとき、私はじっさいに昨日ラーメンを食べたのでなければならない。また、それに続けて、そのラーメンはうまかったと語るなら、そのラーメンはじっさいにうまかったのでなければならない。

しかし、自己物語はたんに語られるのではなく、語り手（つまり自分）の視点から語られる。したがって、語られることにたいする自分の評価（情動や価値判断）を示しながら、それは語られる。あのラーメンはうまかったと自嘲気味に語るとき、あんなひどいラーメンをうまいと感じてしまった自分にたいする情けなさ（語り手としての自分が感じる情けなさ）が示されている。自己物語に含まれるこのような評価は適切なものでなければならない。あのラーメンはうまかったと怒りながら語るなら、その怒りはあのラーメンがうまかったことにたいする適切な情動ではないであろうから、その語りは変なものになってしまう。自己物語は語られることにたいして適切な評価を示さなければならない。その意味で、それは客観的でなければならないのである。

ゴルディはこのように自己物語の真理性と客観性を区別する。自己物語が真だということは、語られることが真だということであり、自己物語が客観的だということは、語られることにたいする語り手の評価（情動や価値判断）が適切だということである。しかし、このように真理性と客観性を区別すると、フィクションの物語でも客観性が成立しうることになってしまうのではなかろうか。フォアグラを食べて、そのあまりの美味に感嘆したという架空の話を嬉しそうにするとき、嬉しいという語り手の情動は語られる内容にたいして適切だが、同じことを悲しそうに語れば、悲しいという情動はその内容にたいして不適切であろう。したがって、前者のフィクションは客観的だが、後者のフィクションはそうではないことになろう。

しかし、このようにフィクションについても客観性が成立しうるというのは、あまり望ましくない帰結であろう。というのも、ゴルディの客観性はノンフィクションに特有の特徴、つまりフィクションには見られないような独自な特徴を捉えようとしたものであるはずだからである。真理性はまさにそうである。それはノンフィクションに特有の特徴であり、フィクションの特徴ではない。そこで、客観性についても、ノンフィクションに特有の客観性が求められる。そのような客観性はないだろうか。ここで鍵を握るのは、語り手の評価の適切性である。ゴルディのように、それをたんに語られることにたいする適切な評価という意味で捉えると、ノンフィクションだけではなく、フィクションでもそのような適切性が成立しうることになってしまう。語り手の評価の適切性を何か別の意味に解することはできないだろうか。

語り手の評価と語られる内容はじつはかなり複雑な関係にある。科学的描写は無視点的だから、描写する人が描写される内容にたいしてどんな情動や価値判断をもっていても、それが描写される内容に投影されることはない。台風が日本を縦断したと科学的に描写するとき、そう描写する人が台風の日本縦断を悲しんでいても、その悲しみが描写内容に投影されて、大切なものが失われたということがその内容に加わることはない。しかし、物語は違う。物語は視点的であるから、語り手が語られる内容にたいしてもつ情動や価値判断が語られる内容に投影される。それはフィクションであるかノンフィクションであるかを問わない。どちらであれ、語り手の情動や価値判断は語られる内容に投影される。あのラーメンはうまかったと自嘲気味に語るとき、あんなラーメンをうまいと感じたことへの情けなさが語られる内容に投影されて、そのラーメンが本当はまずかったことや、自分がじつに貧しい味覚しかもっていないことがその内容に付け加わる。フィクションの場合も、同様である。語り手の情動や価値判断によって捉えられた価値的なあり方が語られる内容に付け加わる。

このように物語においては、語り手がその情動や価値判断によって捉えた事物の価値的なあり方が語られる内容となる。したがって、ノンフィクションにおいては、そのような内容も真でなければならない。あのラーメンはうまかったと自嘲気味に語るとき、そのラーメンがうまいと感じられたことだけではなく、そのラーメンが本当はまずいことや、自分が貧しい味覚しかもっていないことも、じっさいに成立していなければならない。それにたいして、フィクションにおいては、このような要求はない。フィクションは語られる内容の真理性を要求されないから、語り手がその情動や価値判断によって捉えた価値的なあり方が語られる内容になっても、それがじっさいに成立していることは要求されない。フィクションは語り手がもつべき情動や価値判断の点でも、ノンフィクションよりはるかに自由なのである。

以上のような見方が正しいとすれば、結局のところ、ノンフィクションにおける語り手の評価（情動や価値判断）の適切性というのは、その評価が世界の価値的なあり方を正しく捉えているかどうかの問題だということになる。したがって、ゴルディのように真理性と客観性を区別する必要はとくにない。彼がノンフィクションの客観性として捉えようとした客観性は、語り手の評価の真理性（世界の価値的なあり方を正しく反映しているかどうか）の問題として捉えられる。自己物語もそうである。真理性と客観性を区別する必要はない。自己物語はようするに、世界の事実的なあり方と価値的なあり方の両方を正しく反映しなければならないという意味で真でなければならない。そしてそのように真であることが客観的だということであり、客観性は真理性と同じことを意味するのである。

## 自己物語の承認

自己物語は自分が経験する世界の事実的なあり方と価値的なあり方に照らして真でなければならないという意味で客観的でなければならない。しかし、どうすれば客観的な自己物語を語ることができるだろうか。そのためには、過去の記憶、現在の知覚、未来の想像をできるだけ正しいものにする必要があろう。しかし、それだけではなく、自己物語が聞き手に受け入れられることも必要であろう。私が語る自己物語がそれを聞く人に受け入れられず、異論を招くようでは、自己物語の客観性は覚束ないであろう。もちろん、私の自己物語が客観的であるにもかかわらず、聞き手の受け止め方が歪んでいるために、聞き手に受け入れられないこともあろう。しかし、そのような場合でも、私の自己物語が客観的であることを正当化するためには、聞き手の受け止め方を正して、聞き手の承認を得るようにしなければならないだろう。

自己物語が正当化された仕方で客観的であるためには、聞き手にそれを承認してもらう必要がある。では、自己物語にかんして語り手と聞き手のあいだに食い違いがあるとき、どうすればその食い違いを解消して、聞き手に自己物語を受け入れてもらうようにすることができるだろうか。この問題を考察するためには、そもそも語り手と聞き手のあいだにどのようにして食い違いが起こるのかをよく理解する必要がある。ゴルディはそのような食い違いの興味深い例を挙げている（Goldie 2012: 155-7）。

私は教会で行われた妹の結婚式にローラースケートで乗り込んで、皆を楽しませようとした。私がその話を面白おかしく語ると、それを聞いたあなたは、笑いながらも、内心では私の話に違和感を覚えた。そんなことをするのは妹から主役の座を奪うことであり、無礼きわまりない、とあなたは考えた。

ここには、ローラースケートで結婚式に乗り込むことについて、それを面白いことだと考える私の評価と、それを無礼なことだと考えるあなたの評価のあいだに、大きな食い違いがある。その食い違いはおそらく私が自己中心的な性格であることに由来するのであろう。私はそのような性格であるために、妹のことをよく考えなかった。妹の気持ちを考えれば、ローラースケートで妹の結婚式に乗り込むことが面白いことではなく、むしろ無礼なことだと思ったはずだ。それゆえ、私はあなたの評価を聞くと、きちんと反省して自分の評価を改めるだろう。こうして私とあなたの食い違いが解消される。しかし、語り手と聞き手の食い違いはこれほど単純なものばかりではない。ゴルディはこの例を少し変えて、つぎのようなもっと複雑な例に仕立てあげている。

私はあとで反省してみると、自分がそのとき自分勝手であったことに気づき、そのことを示そうとして、妹の結婚式にローラースケートで乗り込んだことをあなたに反省気味に語った。あなたはそれでも、私が心の奥底では自分のしたことを格好よかったことだと思っており、それゆえ私にそのつもりがなくても、私が虚栄を張っているのだと感じた。

ここでは、ローラースケートで結婚式に乗り込むことについて、それを無礼だと考える私の表面的な評価と、それをやはり無礼だと考えるあなたの評価は一致している。しかし、私の心の奥底の評価とあなたの評価は一致しない。その不一致を解消するためには、私が自分の心の奥底の評価に気づき、それを改める必要がある。あなたが私の奥底の評価を私に指摘すれば、私はそれに気づくかもしれない。しかし、それは私の虚栄心によって強く抑圧されているので、私がそれに気づくのはそう簡単ではないであろう。しかし、たとえそうだとしても、私とあなたは粘り強く対話を重ねていくしかないだろうし、そうすれば、やがて私はそれに気づき、それを改めるかもしれない。

ただし、私が心の奥底で自分のしたことを格好よかったと思っているとあなたが感じたことが間違っている可能性もある。私は心の奥底でも自分のしたことを無礼だと思っているのであり、表面的な評価と奥底での評価に違いはない。それをあなたが私への日頃の憎しみのゆえに曲解したのだ。そうだとすれば、改めるべきは私の話にたいするあなたの受け止め方である。それを改めるのは、それが憎しみによって支配されているがゆえに簡単なことではないだろうが、それでも私とあなたは粘り強く対話を重ねていくしかないだろう。そうすれば、やがてあなたは自分の受け止め方の誤りに気づくかもしれない。

自己物語を聞き手に承認してもらうことは、ときにきわめて困難である。しかし、たとえそうであったとしても、自己物語が正当化された仕方で客観的であるためには、それを聞き手に承認してもらわなければならないのである。

## 4　自己物語のフィクション化

ノンフィクションは世界の事実的および価値的なあり方に基づいて語られなければならない。しかしながら、しばしばノンフィクションは世界のそのようなあり方を無視して語られがちである。つまり、ノンフィクションでありながら、フィクション化が行われる傾向がある。自己物語もそうである。自己物語は自分の人生に基づいて語られなければならないが、往々にしてそれを無視して語られがちである。ゴルディは自己物語のそのようなフィクション化のあり方をいくつか取り上げ、それぞれの危険性を指摘しているが（Goldie 2012: 161-71）、ここではそのうちの一つに焦点を合わせて、それを検討してみよう。

## 情動的終結と物語的終結

ゴルディは情動的終結と物語的終結を区別して、情動的終結の欲求が満たされても、物語的終結の欲求が満たされるとは限らないことから、一つの危険なフィクション化が起こると指摘する（Goldie 2012: 166-8）。たとえば、突然の原因不明の病気で子供をなくした両親がいるとしよう。彼らは悲しみに打ちひしがれていたが、やがて子供の死を受け入れて、悲しみを乗り越え、前を向いて生きることができるようになった。こうして彼らは情動的に終結を迎えることができた。しかし、それでもまだ、答えられていない多くの問いが残されている。その病気はいったい何だったのか。なぜこの子に、この自分たちの子に、それが起こったのか。子供を救うためにもっと多くのことができたのではないだろうか。このような問いが残っているとすれば、両親は情動的終結を迎えることができたとしても、物語的な終結を迎えることができないだろう。

ここから危険なフィクション化が生じる恐れがあるとゴルディは言う。両親は情動的終結を迎えても、それに満足できず、さらに物語的終結を追い求めるかもしれない。彼らはもうじっさいには物語的終結を迎えることができないにもかかわらず、それでも何とかそれを見つけ出そうとするかもしれない。つまり、彼らはまだ答えられていない問いにもう答えを見いだすことができないにもかかわらず、それでも何とか虚構の答えを見いだそうとして虚しくもがき続けるかもしれない。あるいは、自己欺瞞に陥って、じっさいに何らかの虚構の答えを作り出してしまうかもしれない。たとえば、自分たちがかつて悪いことをしたために、神がその罰として子供の命を奪ったのだと信じるようになるかもしれない。このように物語的終結への強い欲求は、フィクションによる終結を求めて、虚しいあがきや自己欺瞞を生み出してしまうのである。

## 物語の駆動力

ゴルディは以上のように、情動的終結を迎えても、物語的終結を求めてフィクション化を行おうとする傾向が私たちにあると言う。しかし、それは本当であろうか。子供を失った両親が情動的に子供の死を受け入れることができるようになれば、たとえまだ答えられていない問いが残っていたとしても、彼らはもはやフィクション化に向かおうとはしなくなるのではないだろうか。

両親が子供の死を情動的に受け入れることができるようになっても、まだ答えられていない問いがたくさん残されているというのは、ゴルディの言うとおりであろう。しかし、問いがあるからといって、必ずしも答えが求められるわけではない。関心のない問いは無視される。問いが答えを求める力をもつのは、問いが情動的な関心を呼び起こすからである。子供を失った両親が、なぜこの子が死ななければならなかったのかと問い、それに答えを求めようとするのであれば、それはたんにその問いがまだ答えられていないからではなく、その問いへの答えが彼らにとって情動的にきわめて重大なことだからである。その答えを知らないかぎり、彼らの情動が安らぐことはない。しかし、そうだとすれば、彼らはまだ情動的に子供の死を受け入れることができていないのである。それができていないからこそ、彼らは残された問いをどうしても問いたくなるのであり、世界のじっさいのあり方に反してフィクション化を行ってでも、その答えを求めたくなるのである。

情動的終結を迎えてもなお、物語的終結を迎えられないことがあるとゴルディは言うが、それは誤りであろう。情動的終結を迎えることができないからこそ、物語的終結を迎えることができないのだ。物語を駆動する力をもつのは情動であり、物語が終わらないのは、情動がおさまらないからである。

情動が終結せずに物語を駆動し続けていけば、やがてノンフィクションの物語であっても、フィクション化していくであろう。しかし、物語のフィクション化が必ず有害であるとは限らない。子供を失った両親が納得のいく物語を求めていつまでももがき苦しむのは、たしかに有害である。しかし、そのような両親が自分たちの過去の罪のゆえに神がその罰として子供の命を奪ったのだと信じることができるようになり、そうすることで子供の死を情動的に受け入れることができるようになれば、それは必ずしも有害なことではない。もちろん、そのように信じることで、子供の後を追って両親が死ぬというようなことにでもなれば、そう信じることは有害であろう。しかし、そうではなく、そう信じることで両親がようやく前を向いて生きていくことができるようになれば、そう信じることはけっして有害ではない。

たしかに、世界の事実的および価値的なあり方に反しないような仕方で物語を紡ぎ出し、そうすることで子供の死を情動的に受け入れることができるようになれば、それに越したことはないだろう。フィクション化せずに世界の本当のあり方に忠実な物語を生み出すほうが、より真正で豊かな人生を送ることができよう。しかし、私たちの情動能力には限りがある。子供を失った両親がその現実に相応しい適度な悲しみを形成し、それゆえやがてその悲しみを乗り越えていくことができるとは限らない。彼らは過度の悲しみを抱き、それゆえその悲しみを克服することができないかもしれない。どれほど自分の情動能力を磨いても、その悲しみを適度なものにすることができないかもしれない。そうであれば、世界のあり方に忠実な物語は、彼らが生きることのできる物語ではない。彼らの情動能力からすれば、神の罰というフィクション化された物語こそ、彼らが生きることのできる物語である。そうであれば、フィクション化された物語が必ずしも悪いとは言えないだろう。

私たちは情動の力で自己物語を紡ぎ出しながら、その物語を生きていく。そうであれば、自分の情動能力の範囲内で最善の物語を紡ぎ出しながら、それを生きていくしかない。たとえそれがフィクション化を伴うとしても、それが私たちにとってじっさいに紡ぎ出すことのできるもっとも有意味な物語であり、その物語を生きることが私たちにとってじっさいに営むことができるもっとも豊かな生である。世界のあり方を正しく反映した自己物語を紡ぎ出しながら、それを生きていくことは、それが可能であれば、たしかにもっとも望ましいであろう。しかし、それは必ずしも可能ではない。私たちは自分の情動能力の範囲内で可能な自己物語を生きるしかない。自己物語に含まれるフィクションは世界のじっさいのあり方に反しているが、それでもそれは私たちの生を可能にするものであり、私たちにとっての真実なのである。

## 注

＊1　ここで自分の人生を物語ると言うとき、それはじっさいに声に出して語る場合だけでなく、頭のなかで語る場合、つまりたんに考えるだけの場合も含む。本章でおもに参照するGoldie 2012も、彼が問題にする物語をそのように規定している。

＊2　さまざまな視点の複雑な絡み合いについては、とくにGoldie 2012の第2章で主題的に取り上げられ、詳細な分析が施されている。

＊3　表象するものと表象されるものの区別が紛らわしいために、大きな哲学的問題を引き起こすのが心的イメージである。ユニコーンを想像するとき、脳裏に浮かぶユニコーンのイメージはユニコーンを表象するものであるようにみえる。それはちょうど、ユニコーンの絵がユニコーンを表象するのと同様である。しかし、そのように考えると、心的イメージがいったいどんな存在なのかについて、重大な哲学的問題が起こる。そこで、心的イメージはじつは表象するものではなく、表象されるものだという提案がなされる。ユニコーンを想像するときに脳裏に浮かぶユニコーンは、表象するものではなく、表象されるものだというわけである。そうすれば、心的イメージがどのような存在なのかについて、それなりの有力な見通しを得ることができる。この点については、Harman 1990、信原 1999 の第八章を参照。

# あとがき

情動をめぐる哲学的問題に本格的に取り組むようになったのは、およそ一〇年くらいまえからである。大学院時代から一貫して心の哲学を専門にしてきたが、以前はおもに心身問題や志向性、意識（クオリア）といった心の哲学の基本問題を考察するとともに、古典的計算主義とコネクショニズムの論争やフレーム問題などの認知科学の哲学にかんする諸問題を考察してきた。情動の問題に本格的に取り組むようになったきっかけは、J・グリーンらの道徳の脳科学的研究やJ・J・プリンツの道徳哲学に触れたことであった。彼らは私たちの道徳判断において情動が非常に重要な役割を果たしていることを強調している。

情動の問題に取り組むようになってまず驚いたのは、その問題の射程の大きさである。情動の哲学だから、情動の本性が問題になるのは当然であるが、情動と価値、情動と道徳、情動と生きる意味、情動と心の病など、じつに多様なものとの関係が情動にとって問題となる。したがって、情動を基軸にして、そのような多様なものに一貫した見通しを与えることができれば、じつに壮大な哲学的眺望が得られるのではないかという希望が湧く。本書はその希望に向けてほんのささやかな試みをなしたにすぎないが、それはなかなかやりがいのある試みであった。従来の英米圏の心の哲学では、知覚、信念、欲求、意思が主として扱われ、情動は軽視されがちであったが、心の働きを根源的かつ包括的に理解するためには、情動にこそ焦点が当てられなければならないように思われる。情動の哲学はこれまでの心の哲学を一新する可能性を秘めているのである。

このような情動の哲学に取り組むうえで一つの大きな弾みとなったのは、私が研究代表をつとめる科学研究費補助金基盤研究（B）「道徳認知と社会的認知の統合的哲学研究」が二〇一四年度より四年間の研究プロジェクトとして採択されたことであった。このプロジェクトでは、哲学、倫理学、社会心理学、脳科学をそれぞれ専門とする研究者が集まって、道徳認知と社会的認知にかんする講演と議論を積み重ねてきたが、それを通じて得られた知識や養われた感覚が情動の問題を考察するうえでもおおいに役立った。本書はこの科学研究費のプロジェクトにおける私の研究成果の一つである。

最後になったが、勁草書房の渡邊光氏に本書の執筆を勧めていただいたことにたいして厚く感謝の意を表したい。情動を主題とする本書の執筆は私にとって願ってもないことであったが、つぎつぎといろいろな仕事が入ってきてしまい、執筆は延び延びになってしまった。

渡邊氏はその間、何度も進捗状況を確かめるメールを私に送りつつ、原稿の完成をじつに辛抱強く待ってくれた。そのことにも心より感謝したい。本書が多くの読者を得て、情動の哲学の面白さを多くの人に伝えることができればと切に願う。

二〇一七年五月

信原幸弘

## 人名索引


**＊ア行**

アーレント　Arendt, H. | 123, 133
アイヒマン　Eichmann, A. | 123-4
イーガン　Egan, A. | 220
イシグロ　Ishiguro, K. | 179
ヴィーゼンタール　Wiesenthal, S. | 107-9, 125, 133
ヴェトレーゼン　Vetlesen, A. J. | 121-2, 124
ウォーカー　Walker, M. | 120

**＊カ行**

カーネマン　Kahneman, D. | 76
カール | 107-9, 124-5
カント　Kant, I. | 133
岸本裕紀子 | 189
ギルバート　Gilbert, M. | 159
クーリエ　Currie, G. | 220
グリーン　Greene, J. D. | 104
グリーンスパン　Greenspan, P. S. | 77
孔子 | viii
ケーニヒス　Koenigs, M. | 104
ゴルディ　Goldie, P. | 105, 223-4, 230-1, 235-6, 238, 240, 243-5, 248

**＊サ行**

ジェームズ　James, W. | 9
ジョーカー | 133
スタイロン　Styron, W. | 101
スティーブンス | 179-82, 185, 187-8
ストローソン　Strawson, P. F. | 154-5
ソフィー | 101, 103

**＊タ行**

ダーウォル　Darwall, S. | 137-38, 140, 142-4, 148, 153, 159
タポレット　Tappolet, C. | 77
ダマシオ　Damasio, A. | iii, 26
チャーチランド　Churchland, P. M. | 50
デイヴィドソン　Davidson, D. | 51
デオナ　Deonna, J. | 13-18
テロニ　Teroni, F. | 13-18
ドゥ・スーザ　de Sousa, R. | 26
トウェイン　Twain, M. | 74
デーリング　Döring, S. | 77
トグナツィーニ　Tognazzini, N. A. | 105
戸田山和久 | 208, 219

**＊ナ行**

成田和信 | 218
ヌスバウム　Nussbaum, M. | 26
ネーゲル　Nagel, T. | 133, 227
ノイ　Neu, J. | 26
ノージック　Nozick, R. | 217-8
信原幸弘 | iii, 21, 50, 77, 104, 220, 248

**＊ハ行**

ハーストハウス　Hursthouse, R. | 84-6, 89-92, 105
ハーマン　Harman, G. | 248
ハック　Huck（Huckleberry Finn） | 74-5, 77, 189

パトナム　Putnam, H.｜51
フィッシャー　Fischer, J. M.｜105
フット　Foot, P.｜104
フランクファート　Frankfurt, H.｜105
プリンツ　Prinz, J. J.｜25-6, 194-7, 200-3, 206
ブルーワー　Brewer, T.｜174-6, 179, 181-5, 189
プロヴァイン　Provine, R.｜189
ヘルム　Helm, B.｜54, 75-6, 155-6, 160
ホックシールド　Hochshild, A.｜166
ボルトロッティ　Bortolotti, L.｜220

**＊マ・ラ行**

水谷英夫｜189
ミリカン　Millikan, R. G.｜26, 220
ムーア　Moore, G. E.｜42
モラン　Moran, G. E.｜189
ルイス　Lewis, D.｜51

## 事項索引


**＊あ行**

愛｜180, 182-3
アウシュビッツ｜101
悪魔的な人間｜126-33
悪を悪であるがゆえになす｜127
アンビバレントな状態｜77
生きる意味｜121-3, 125
意思決定｜iii, iv
医師の感情労働｜169
一貫した（合理的）パターン｜57-62, 69-70, 76, 155-7, 160
違和感｜186-8
ＶＭ患者｜iii, iv, x
笑顔｜163-4, 167-8, 172, 176-8, 189
脅し｜143-5
驚き｜204-7

**＊か行**

概念｜45
快楽主義｜217
科学｜224-8, 237
価値
　——の客観主義｜51
　——の主観主義｜51
価値観の根本的な転換｜76
価値判断
　一般的な——｜66-8
　個別的な——｜66-8
　——の体系化｜67
　情動的——｜64-5
悲しみ｜91-3, 96
神の罰｜244, 246-7
感覚器官｜3-4, 6,-7, 12, 23-5
関係的性質｜37-8
還元｜32-4, 43-4, 46-7
感じ（ただの）｜25, 217
感情｜xi, 189
感情労働｜165-6
『管理される心——感情が商品になるとき』｜166
擬人化｜225
気遣い｜34-38
機能主義｜51
客観性｜223, 235-7, 239
強化学習｜195
強化子｜194-5
共感｜169-70
驚嘆｜25
共同行為｜159
共同体｜149, 151-3
恐怖｜207-11, 219
虚栄｜241
極限的な悪｜123-7, 130, 132
禁欲｜194, 198-9
クオリア｜50
経験機械｜192-4, 214, 216-8
現実に触れながら自分自身を生きる｜217-8
権利の偽造｜145
行為｜224-6, 228
　——決定の正しさ｜84-5
　——者相対的｜140-2
　——者中立的｜140-1
　——の正しさ｜84-5
　正しい——｜86-8

正しい——決定｜86
後悔｜89-91, 97
幸福（幸せ）｜191-4, 214, 217-8
功利主義｜53-4, 70-2
固執｜189
媚び｜178
怖いもの見たさ｜193
根源悪｜133

＊さ行

サービス業（接客業）｜169, 170-2
罪悪感｜90-7
サバイバーズ・ギルト｜95-6
三人称
——化｜159
——的｜154, 159
ジェームズ＝ランゲ説｜9-10
志向（性）｜214-8
自己欺瞞｜186, 244
自己洗練｜179, 182, 184
自己物語｜222
自然災害｜93-5
自然主義的誤謬｜42, 47
自嘲｜235, 238
執事｜180-2, 185, 187
嫉妬｜210-3
視点｜226, 228, 248
外在的——｜226-7
語り手の——｜226-8
聞き手の——｜226
事実認識的な——｜228-9
登場人物の——｜226-7
内在的な——｜226-7
評価的な——｜228-9
視点性｜226-8, 237
無——｜227-8, 237
充足｜215-8
自由
——な行為｜105
——な選択｜99, 103
選択の——｜98, 100
終結
情動的——｜243-5
物語的——｜105, 243-5
焦点｜156, 160
情動
——の価値判断説｜7, 8
奇妙な——｜193-4, 204, 210
御しがたい——｜74, 76
合理的な——｜57, 60, 63
——の一面性｜61, 77
——能力｜vii-viii, 246-7
——の管理｜166-7
——の合理性｜77
——の「多色的な見方」｜26
——の知覚説｜12, 26
——の特権的な知｜184
——パターン｜70-1, 74
——不要説｜39, 41, 49
——の身体的感受説｜10, 12, 16
——の身体的態度説｜14-6
——の身体的評価説｜26
不合理な——｜61
情動価｜192-4, 196, 203, 206-7, 213
意識への——の現れ｜201-2
——の価値表象説｜193-4, 200-1, 203-4, 206-8, 210, 213
——の内的強化子説｜194, 200, 203
承認｜239-40, 242
人格｜128

真実｜247
真正（性）｜188, 246
人生｜223, 230-3
人生の意味｜192
信像｜220
真理性｜235-6, 238-9
スカイダイビング｜198-9, 209, 219
ぞくぞく感｜198-9, 209-10, 219
『ソフィーの選択』｜101
ソマティック・マーカー仮説｜26
尊厳｜157, 175, 177-81, 188

＊た行
代理｜150, 152-3, 155
他行為可能性｜105
知覚的判断｜64-5
秩序
　階層的——｜60, 67-8
　法則的——｜60, 67-8
忠誠心｜187-8
帳消し不可能性｜86-8, 103
直観的評価｜iv
償い｜112-4, 130
償いえない悪｜111, 113
罪を憎んで、人を憎まず｜123
ディレンマ
　解決不可能な——｜105
　道徳的——｜81, 104
哲学的ゾンビ｜50
動機づけ｜197, 200, 207-13
同情｜75, 151-2, 189
道徳共同体｜147-8, 150
道徳的運｜125, 133
道徳的規則｜153
透明化｜18, 20-3
『どこでもないところからの眺め』｜227
トラ｜128-9
奴隷根性｜177-8
トロッコ問題｜104

＊な行
内在的性質｜37-8
内的強化子｜195-6
内的命令｜196
泣く赤子のディレンマ｜81, 84-6, 89, 94, 98, 100, 102, 104
情けなさ｜235, 238
ナチス｜101, 107
名もなき情動たち｜viii-xi, 26
憎しみ｜242
二重システム理論｜76
二人称
　——的｜153-4, 158-9
　——理由｜140-2, 148-50, 152-3, 158-9
ノンフィクション｜224, 235-8, 242-3, 246

＊は行
媒体｜18, 20-2
罰｜128
『ハックルベリー・フィンの冒険』｜74
『バットマン』｜133
バンジージャンプ｜219
反応的情動｜155-60
反応的態度｜154-5
万物流転をはかなむ｜77
非還元的物理主義｜51
被害者
　間接的な——｜150

直接の――｜147, 150-3, 157
卑下｜177-8
美的経験｜25
非難責任
現実的な――｜105
原理的な――｜105
『日の名残り』｜179
非法則的一元論｜51
『ひまわり』｜107
表象するものと表象されるもの｜230-1, 233, 248
病的な情動｜210, 213
病的な信念｜220
フィクション｜223, 236-8, 247
フィクション化｜105, 243-7
付随（性）｜31-4, 37, 42, 44, 46-7, 50
平凡な人間｜123-5
ホラー映画｜204, 207-11, 219

＊ま行

マクドナルド｜189
無用なサービス｜173-5
妄想｜220
――のドクサ説｜220
網膜像｜22-4
元に戻せない悪｜110-1
元に戻せるもの｜110
物語｜223-8, 230-3, 237
――的なもの｜234
――の駆動力｜244-5

＊や行

優越性の承認欲求｜174-7
赦し｜117, 128
――の正当性｜116-9
――えない悪｜120
抑圧｜241
喜び｜208-10, 212

＊ら行

理性｜II-IV, VI-VIII
理由なき選択｜103
理由の振りをした圧力｜143
隷属性｜174, 178-9
ローラースケート｜240, 241
ロボット｜177
『論語』｜VIII

# 参考文献


Bortolotti, Lisa. 2010. *Delusions and Other Irrational Beliefs*. Oxford: Oxford University Press.

Brewer, Talbot. 2011. On alienated emotions. In Carla Bagnoli (ed.), *Morality and the Emotions*, Oxford: Oxford University Press.

Currie, Gregory. 2000. Imagination, delusion and hallucinations. *Mind & Language* 15(1) : 168-183.

Damasio, Antonio R. 1994. *Descartes' Error: Emotion, Reason, and the Human Brain*. New York: G. P. Putnam's Sons.（アントニオ・R・ダマシオ『生存する脳 —— 心と脳と身体の神秘』田中三彦訳、講談社、二〇〇〇年）

Darwall, Stephen. 2006. *The Second-Person Standpoint: Morality, Respect, and Accountability*. Cambridge, MA: Harvard University Press.

Davidson, Donald. 1970. Mental events. In L. Foster and J. Swanson (eds.), *Experience and Theory*, London: Duckworth. Reprinted in D. Davidson, *Essays on Actions and Events*, Oxford: Oxford University Press, 1980.（D・デイヴィドソン「心的出来事」『行為と出来事』服部裕幸・柴田正良訳、勁草書房、一九九〇年）

Deonna, Julien A. and Fabrice Teroni. 2012. *The Emotions: A Philosophical Introduction*. New York: Routledge.

de Sousa, Ronald. 2011. *Emotional Truth*. Oxford: Oxford University Press.

Döring, Sabine A. 2013. Emotion, autonomy, and weakness of will. In Michael Kühler and Nadja Jelinek (eds.), *Autonomy and the Self*, Springer.

Egan, Andy. 2009. Imagination, delusion, and self-deception. In T.

Bayne and J. Fernández (eds.), *Delusion and Self-Deception: Affective and Motivational Influences on Belief Formation*, Psychology Press.

Fischer, John M., and Neal A. Tognazzini. 2011. The Physiognomy of responsibility. *Philosophy and Phenomenological Research* 82(2): 381-417.

Foot, Philippa. 1967. The Problem of abortion and the doctrine of the double effect. *Oxford Review* 5: 5-15.

Frankfurt, Harry. 1969. Alternate possibilities and moral responsibility. *Journal of Philosophy* 66: 829-839.

Gilbert, Margaret. 1989. *On Social Facts*. London: Routledge.

Goldie, Peter. 2012. *The Mess Inside: Narrative, Emotion, and the Mind*. Oxford: Oxford University Press.

Greene, J. D., Nystrom, L. E., Engell, A. D., Darley, J. M., and Cohen, J. D. 2004. The Neural bases of cognitive conflict and control in moral judgment. *Neuron* 44, October 14: 389-400.

Greenspan, Patricia S. 1980. A case of mixed feelings: Ambivalence and the logic of emotion. In Amélie O. Rorty (ed.), *Explaining Emotions*, Berkeley: University of California Press.

——. 1988. *Emotions and Reasons: An Inquiry into Emotional Justification*. New York: Routledge.

Harman, Gilbert. 1990. The intrinsic quality of experience. In James Tomberlin (ed.), *Philosophical Perspectives 4: Action Theory and Philosophy of Mind*, Atascadero: Ridgeview Press.

Helm, Bennett W. 2001. *Emotional Reason: Deliberation, Motivation, and the Nature of Value*. Cambridge: Cambridge University Press.

——. 2010. Emotions and motivation: Reconsidering neo-Jamesian accounts. In Peter Goldie (ed.), *The Oxford Handbook of Philosophy of Emotion*, Oxford: Oxford University Press.

——. 2014. Emotional communities of respect. In Christian von Scheve and Mikko Salmela (eds.), *Collective Emotions: Perspectives from*

*Psychology, Philosophy, and Sociology*, Oxford: Oxford University Press.

Hochshild, Arlie R. 1983. *The Managed Heart: Commercialization of Human Feeling*. Berkeley and Los Angeles: University of California Press.（A・R・ホックシールド『管理される心 —— 感情が商品になるとき』石川准・室伏亜希訳、世界思想社、二〇〇〇年）

Hursthouse, Rosalind. 1999. *On Virtue Ethics*. Oxford: Oxford University Press.（ロザリンド・ハーストハウス『徳倫理学について』土橋茂樹訳、知泉書院、二〇一四年）

James, William. 1884. What is an emotion? *Mind* 9: 188-205.

Koenigs, M., Young, L., Adolphs, R., Tranel, D., Cushman, F., Hauser, M., and Damasio, A. 2007. Damage to the prefrontal cortex increases utilitarian moral judgements. *Nature* 446, April 19: 908-911.

Lewis, David. 1972. Psychophysical and theoretical identification. *Australian Journal of Philosophy* 50: 249-258.

MacIntyre, Alasdair. 1981. *After Virtue: A Study in Moral Theory*. London: Duckworth.（アラスデア・マッキンタイア『美徳なき時代』篠崎榮訳、みすず書房、一九九三年）

Millikan, Ruth G. 2004. *The Varieties of Meaning: The 2002 Jean Nicod Lectures*. Cambridge, MA: MIT Press.（ルース・G・ミリカン『意味と目的の世界 —— 生物学の哲学から』信原幸弘訳、勁草書房、二〇〇七年）

Moore, George E. 1903. *Principia Ethica*. Cambridge: Cambridge University Press.（ジョージ・E・ムーア『倫理学原理』深谷昭三訳、三和書房、一九七三年）

Moran, Richard. 2001. *Authority and Estrangement: An Essay on Self-Knowledge*. NJ: Princeton University Press.

Nagel, Thomas. 1979. Moral luck. In T. Nagel, *Mortal Questions*, Cambridge: Cambridge University Press.（T・ネーゲル「道徳的運」『コウモリであるとはどのようなことか』永井均訳、勁草書房、

一九八九年）
——. 1989. *The View from Nowhere*. Oxford: Oxford University Press.（トマス・ネーゲル『どこでもないところからの眺め』中村昇ほか訳、春秋社、二〇〇九年）
Neu, Jerome. 2000. *A Tear Is an Intellectual Thing: The Meaning of Emotions*. Oxford: Oxford University Press.
Nozick, Robert. 1974. *Anarchy, State, and Utopia*. New York: Basic Books.（ロバート・ノージック『アナーキー・国家・ユートピア』嶋津格訳、木鐸社、一九九二年）
Nussbaum, Martha. 2001. *Upheaval of Thought: The Intelligence of Emotions*. Cambridge: Cambridge University Press.
Prinz, Jesse J. 2004. *Gut Reactions: A Perceptual Theory of Emotion*. Oxford: Oxford University Press.（J・J・プリンツ『はらわたが煮えくりかえる —— 情動の身体知覚説』源河亨訳、勁草書房、二〇一六年）
——. 2011. Emotion and aesthetic value. In Elisabeth Schellekens and Peter Goldie (eds.), *The Aesthetic Mind*, Oxford: Oxford University Press.
Provine, Robert R. 2000. *Laughter: A Scientific Investigation*. New York: Viking Press.
Putnam, Hilary. 1960. Minds and machines. In S. Hook (ed.), *Dimensions of Mind*, New York: Cllier Books.
Strawson, Peter F. 1962. Freedom and resentment. *Proceedings of the British Academy* 48: 1-25. Reprinted in P. F. Strawson, *Freedom and Resentment and Other Essays*, London: Methuen, 1974.（P・F・ストローソン「自由と怒り」法野谷俊哉訳、門脇俊介、野矢茂樹編『自由と行為の哲学』春秋社、二〇一〇年）
Tappolet, Christine. 2003. Emotions and the intelligibility of akratic action. In Sarah Stroud and Christine Tappolet, *Weakness of Will and Practical Irrationality*, Oxford: Oxford University Press.
Vetlesen, Arne J. 2011. Can forgiveness be morally wrong? In Christel Fricke (ed.), *The Ethics of Forgiveness: A Collection of Essays*,

New York: Routledge.
Walker, Margaret U. 2006. *Moral Repair: Reconstructing Moral Relations after Wrongdoing*. Cambridge: Cambridge University Press.
Watson, Gary. 2004. Responsibility and the limits of evil: Variations on a Strawsonian theme. In G. Watson, *Agency and Answerability: Selected Essays*, Oxford: Oxford University Press.
アーレント、ハンナ（1969）『イェルサレムのアイヒマン —— 悪の陳腐さについての報告』大久保和郎訳、みすず書房
アレント、ハンナ（1994）『人間の条件』志水速雄訳、ちくま学芸文庫
イシグロ、カズオ（2001）『日の名残り』土屋政雄訳、ハヤカワepi文庫
ヴィーゼンタール、ジーモン（2009）『ひまわり —— ユダヤ人にホロコーストが赦せるか』松宮克昌訳、原書房
カーネマン、ダニエル（2014）『ファスト＆スロー —— あなたの意思はどのように決まるのか？』上下（ハヤカワ・ノンフィクション文庫）、村井章子訳、早川書房
岸本裕紀子（2012）『感情労働シンドローム』PHP新書
スタイロン、ウィリアム（1993）『ソフィーの選択』上下、大浦暁生訳、新潮文庫
チャーチランド、ポール・M（2016）『物質と意識　原書第3版 —— 脳科学・人工知能と心の哲学』信原幸弘・西堤優訳、森北出版
戸田山和久（2016）『恐怖の哲学 —— ホラーで人間を読む』NHK出版新書
成田和信（2007）「夢と経験機械と幸福」『慶應義塾大学商学部創立五〇周年記念日吉論文集』六一三頁 - 六二三頁
信原幸弘（1999）『心の現代哲学』勁草書房
信原幸弘（2002）『意識の哲学 —— クオリア序説』岩波書店
信原幸弘（2006）「知覚の透明性」『思想』第九八六号（二〇〇六年六月号）、四頁 - 二六頁
信原幸弘（2012）「道徳の神経哲学」『社会脳シリーズ2　道徳の神経哲学』苧阪直行編、新曜社、一頁 - 二四頁

信原幸弘（2015）「判断に抗して情動に導かれる行為は合理的でありうるか」『哲学・科学史論叢』第17号、一頁 - 一五頁
信原幸弘（2016）「批判的思考の情動論的転回」楠見孝・道田泰司編『批判的思考と市民リテラシー —— 教育、メディア、社会を変える21世紀型スキル』誠信書房、二〇頁 - 三四頁
水谷英夫（2013）『感情労働とは何か』信山社新書

**著者略歴**

1954 年、兵庫県生まれ。東京大学大学院総合文化研究科教授。

主な著書に『意識の哲学』(岩波書店、2002 年)、『シリーズ 心の哲学』全 3 巻(編著、勁草書房、2004 年)、『シリーズ 新・心の哲学』全 3 巻(共編著、勁草書房、2014 年)、訳書にパトリシア・チャーチランド『脳がつくる倫理 —— 科学と哲学から道徳の起原にせまる』(共訳、化学同人、2013 年)など、他多数。

# 情動の哲学入門
価値・道徳・生きる意味

2017年11月10日 第1版第1刷発行
2019年5月30日 第1版第3刷発行

著 者 信《のぶ》原《はら》幸《ゆき》弘《ひろ》

発行者 井 村 寿 人

発行所 株式会社 勁《けい》草《そう》書 房

112-0005 東京都文京区水道2-1-1 振替 00150-2-175253
(編集)電話 03-3815-5277/FAX 03-3814-6968
(営業)電話 03-3814-6861/FAX 03-3814-6854
堀内印刷・松岳社



ISBN978-4-326-15450-0 Printed in Japan